新聞の運命

事実と実情の記事

山本七平

さくら舎

◆目次

ミズ主義的報道

新聞の限界

宣伝戦を見抜く目

第４章　テレビ化の波

新聞の運命

事実と実情の記事

序章　沈黙が許されない新聞

気の毒な存在

新聞とは不思議な存在であり、ある意味では、きわめて気の毒な存在といえる。というのは、個人であれ機関であれ、時と場合によっては沈黙のうちに過ごしたい一時期があって不思議ではない。

しかし新聞はそれが許されない。毎日、所定の〝量〟の報道と発言をしなければならぬ。しかもそれが、すぐに消える演説や放送と違って、印刷物という「厳然たる文書」として半永久的に残り、時には永久に残るのである。

そしてそれは、後代の改訂や再構成を許さず、否応《いやおう》なくそのままに残ってしまう。この意味で新聞とは実に貴重な文書であり、その集積は、現代史だけが持ち得る貴重な基礎史料だといってよい。

以上のことは、もちろん、新聞に記された内容がことごとく真正の事実だという意味ではない。だがそのことは、ある日にある論説・記事が公表され、それが広く読まれたという事実の価値、端的に言うならば「記されたという事実」および「記された事実」としての価値、およびそれをそのまま今の時点で読み得るという事実の価値を否定するものではない。

元来、人は「事実」を事実のままに直接に体得することはできない。知っているのは「記された事実」ないしは「表現された事実」である。

そして後代が知り得ることは「記された事実」と、〝それが「記されたという事実」〟によって人びとがどう反応し、どう行動したか。また、その事実がどのように「記された事実」になり、さらに〝それが「記されたという事実」〟に人びとがまたどう反応し、どう行動したか……。この循環を追うことによって、人は、その連続の奥に「事実」そのものを究明できるだけである。

以上のような視点に立ち、通常の一冊の記された史書から手軽に一つの「歴史的事実」を探ろうとするとき、われわれは、一種の困惑に陥《おちい》らざるを得ない。というのは、上記のような考え方に基づいて記された歴史書は、日本には皆無《かいむ》に近いと言わざるを得ないからである。

そして、この点にいかに問題意識がないかは、以上のように指摘しても、それが具体的にどのような状態を指すかを、人びとがすぐ気づかない点にあらわれている。

こういう問題に関連して、人びとから聖書の編纂法《へんさんほう》を問われたとき、私は次のように答えることにしている。聖書とは、矛盾《むじゅん》は矛盾として平気で並べている本である、その編纂法を日本を例にとっていうなら、次のようになるであろう、と――。

戦前の国定歴史教科書がある。これはもちろん皇国史観（注：天皇を中心に歴史が継承されてきたとする歴史観）に基づいて記されている。それを終戦と同時に廃棄し、ついで人民史観の教科書をつくる、これが日本的生き方である。

だが彼らは、このようにしない。二つを併存させておくだけでなく、たとえば、皇国史観の歴史教科書の第一章のすぐ次に、人民史観の歴史教科書の該当する章を置き、そのような形で二章、三章と進んでいく。そしてまたさらに別の史観の教科書ができたら、それの各章をまたその次に置く、という行き方である。

もっとも順序が逆になって、各章が新しいほうから古いほうへと進む場合もある。これをはじめから読んでいくと、驚くべき矛盾と撞着《どうちゃく》が至るところにあらわれる。そういった各書が聖書という一書に集約されると、今度は、ある書がその矛盾撞着の中にも保っている統一的内容を次の書が徹底的に否定してしまうという形になっており、読めば読むほど、何が何やらわからなくなるのが普通である。

そして彼らはそれを歴史と考え、そのときの情勢に合うように巧《たく》みに過去を再構成したものは、通俗的フィクションと考えても、歴史とも思想とも考えないのである。

二度目の裏切り

では一体、そういう編纂方針をとって、なんの意味があるのであろう。そんなものから、何かを知ることができるのであろうか？

一体なぜ彼らは、「事実」を知ることは、そのような方法以外には不可能と考えたのであろうか。

これはたいへんにおもしろい問題だが、これを非常に単純化し、最もわかりやすい例、すなわち一個人の「生涯史」に還元してみれば、誰にでもわかることであろう。次に、その一例をあげる。

上前淳一郎《うえまえじゅんいちろう》氏（注：ノンフィクション作家）が、自らの持つ日本の教師像について、次のように記している。

「終戦の年に私は国民学校（小学校）六年生だった。あの暑かった夏休みを境に教室で起きたことは、どの国の教育史にもきわめて少ない、劇的な出来事であったように思われる。一学期まで『大和魂《やまとだましい》』と黒板に書きつけた教師が平然と『民主主義』という字を書いたのである。

もし私たちの世代が学校教育から学びとってきたものが何かあったとしたら、それはこのときの教師たちの見事な転向をおいてほかにない。つまり幼いながら私たちは、教師ほど信用できないものはなく、またイデオロギーほど簡単に捨てたり拾ったりできるものもないということを、目の前の実例をもって学んだ」

ついで上前氏は、それから二十何年か後に、ある知事選の保革一騎打ちで、保守候補の「当確」がテレビに流された瞬間の、県教組（注：県の教職員組合）の幹部たちの行動を記している。

「この幹部たちは戦後の民主主義教育のために、あらゆる〝弾圧〟と戦ってきた人びとのはずである。中には終戦時に若い教師で、教育の基本理念の逆転をにがい思いで体験してきた人もいたに違いない。その教師たちが、保守県政実現が決まった瞬間に、あっさりと教組幹部であることをやめる。これはどういうことなのか」

上前氏は、それが結局「校長」になりたいという欲求であり、革新が勝ったなら教組幹部として選挙で応援したことがプラスだが、保守が勝った以上マイナスだという判断に基づくとして、「このような素早い判断に基づく行動を、私は許しがたい気がする。今ここで彼らが信じてきた（少なくともそのふりをしてきた）立場を捨てることは、三十年前（注：終戦時）に信じたものを捨てたのに続く二度目の裏切りである」と記されている。

以上の氏が指摘するような事実は、巧みに再構成された戦後教育史や日教組の記録や歴史や、またその関係者が記した戦前の教育史をいくら調べても出てこないであろう。しかし、上前氏の記す、「教師たちの矛盾した行動」の記録を、ただそのままに追っていけば、氏がその結論を記さなくとも、多くの人は、その相互に矛盾した行動の記述から、この教師たちの持つ本当の「主義」ないしは「信念」を知り得るわけである。

それは「簡単に捨てたり拾ったりできる」いわゆるイデオロギーとはまったく別のもの、一言でいえば「自己保身・大勢順応・組織内昇進」主義とでもいうべきものであろう。

それが、その人たちを律している本当の「思想」であって、断固としてその思想の絶対性を信じていないかぎり以上のような行動はあり得ぬという意味で、それこそ、一見矛盾して見える外面的な思想と行動を貫《つらぬ》く、継続的な思想となっているわけである。

そして、この継続的な思想に律しられているものこそ、「相矛盾する記された事実」の奥にある本当の「事実」といえるのである。

新聞の転向

「何かを話さねばならぬ」という点では、最初に述べた新聞と同じように、教師もきわめて「気の毒」な存在といえる。そしてそのことは、新聞も「一学期まで『大和魂』と論説に書いたものが、平然と『民主主義』と書く」という状態を現出せざるを得ないことを示している。

掲げるイデオロギーは簡単に捨てたり拾ったりできるという点も同じである。したがって新聞の奥にある「思想」も、前述の教師のそれとまったく同じかもしれない。しかし、もしそれだけのことなら、それは「新聞史」の問題であり、それ以外の人間には直接に関係のないことになるであろう。

だが新聞の場合は、教師とは違った一面があり、問題はそこにとどまらない。編年史的に編集した新聞が描きだす矛盾の背後にあるものが、前述の教師のそれとまったく同じ思想が新聞社の行動を律する基本的な思想である、というだけのことであるならば、それは一営業体の営業政策の問題であり、それ自体は別に大きな問題ではなく、そのことを知るために、編年史的新聞を読む必要はあるまい。

しかし、新聞は教師ではない。少なくとも小学校教師は生徒の思惑《おもわく》を無視しても授業を進め得る。上前氏が前述のような印象を抱こうと抱くまいと、教師はそれに左右されないです む。したがって、その矛盾は逆に生徒にはっきりと見え、同時にそれは、生徒の矛盾が教師に反映しているのでないことを示している。

しかし新聞はそうではない。言うまでもなくそれは商品であり、読者を無視しては発行できないという宿命を持つ。そしてあらゆる定期刊行物は、固定読者による無言の規制を免れ得ない。これは、少なくとも出版に従事している人間にとっては、説明不要、自明のことであろう。

この点、新聞の転向は、上前氏の記す教師の転向ほど容易でなく、また単純でなく、そこでは常に、読者の転向を前提とせざるを得ないのである。具体的にいえば、新聞社内の一個人がいかに懊悩《おうのう》しようと、八月十五日以後の思想を盛りこんだ記事を八月十五日以前に記すことは、不可能だという事実である。

もちろんこのことは、読者の転向と新聞の転向が同時だということではない。互いに先後し、齟齬《そご》を生じ、読者は時には違和感を、時にはもどかしさを感じつつも、相互に作用しあって、転向をとげていく。

これは終戦時の八月十五日から十二月三十一日までの論説の変化を跡づけるだけで、誰の目にも明らかに見える現象であろう。そして、少し長い目で見ていくと、大小さまざまとはいえ、いっせいにイデオロギーを捨てたり拾ったりする一時期が、いわば一億総転向的なものが常にあり、その言説がその先後で大きく矛盾しているので、その総転向がはっきりわかるのである。

そしておそらく、この矛盾の背後に一貫して続くものが、われわれが持ち、それで自らを規定している本当の思想であり、それに規定されているものが「事実」であろう。

以上のような本当の「思想」を探り、これを論理的に説明することは、誰にとっても容易な技ではない。それは、いずれの国民にとっても同じであろう。

エドウィン・ライシャワー氏（注：駐日アメリカ合衆国大使も務めた東洋史研究者）の著作

に「アメリカ人にとって民主主義はあまりに自明なるがゆえに説明しにくい生活の信条」であったため、戦後の日本に、これをイデオロギーの形で説明し得なかった、それゆえその空白を、左翼的言説（これは必ずしも厳密な意味のマルクス主義ではない）が埋《う》めた、といった意味の指摘がある。

これと同じことで、上記のような本当の「思想」は、誰にとっても、これを客体化して他に説明することが、非常にむずかしいはずである。否《いな》その前に、自らこれを意識的に把握することさえ、困難なはずである。と同時にそれは、その基本的な思想が続く限り、「あまりに自明なこと」なので、意識して把握する必要性さえ感じないはずである。

そしてわれわれは、地理的隔絶と言葉の壁によって、長い間、半鎖国の状態にあったため、この点はまったく無意識で過ごし、「イデオロギーを捨てたり拾ったり」しながら、いままで過ごしてきた。

この点は、いわゆる「アメリカ独立革命」以来、思想的変革を要請されずに過ごしたため、自己の思想の再把握を迫られる必要のなかったアメリカと、ある意味で、似た点がある。

しかし、世界が狭くなれば、われわれは、自分たちが自らを律している本当の思想を再把握し、他に説明して、はじめて相互理解の上に自らを立てることができるはずである。それをしなければ、アメリカ以上に「あまりに自明なるがゆえ」すべてを「イデオロギーの形で説明し得ない」ことになるであろう。

もちろんそのイデオロギーとは、上前氏のいう「簡単に拾ったり捨てたりできる」イデオロギーではなく、まったく相反するイデオロギーを「簡単に拾ったり捨てたりできる」その思想自体でなければならない。

だが、それをなし得る前提とは、その思想の再把握であり、そしてその把握のための最高の資料といえば、編年史的に編集された新聞であろう。

以上のように記すと、なにやらむずかしいことのように見える。しかし、それは別にむずかしい作業ではない。

「新聞を読むのはたいへんだ」と感ずる人間はいないのであって、それが一見どのように膨大に見えても、読み進むとまことにおもしろくて、やめられないのが普通である。それは、その昔、大掃除などで畳の下の古新聞が見つかったとき、思わず読みすごして時を忘れるのと似た状態である。

そのように読み進みながら、大きな政治問題や細かな日常の些事《さじ》に、思いもよらぬわれわれ自身の特徴と、常に変わらぬ型を持つ「ものの見方・考え方」や、独特の発想を発見して、不知不識《しらずしらず》のうちに、われわれの持つ思考の型と生活基準の基本的なパターンが、その美点も欠点もともに明らかになっていく。そしてその行程は、あらゆる読みものにまして楽しいと言って過言ではない。

第1章　正義の体質

社説を読む苦痛

なぜ社説が必要なのか

新聞というものは、どう考えても、読むのが苦痛であってはいけないと思う。もっともこの原則は雑誌であれ単行本であれ同じだが、学術書の場合は必ずしも絶対的条件とはいえない。

だが難解な学術書は読んだ後の充足感を考えれば、苦痛が苦痛にならないからよいが、新聞雑誌にこの種の充足感を求めることはできない。したがって苦痛はそのまま苦痛となって残る。さらにそれが内容が空疎《くうそ》な焼き直しやむしかえしとなると、読んだ後味の悪さはなんともいえない。したがって人は、ひとたびそういう経験をした読みものには拒否反応を示し、二度とそこへ、目をやろうとしなくなる。

いや、まいった。一度は「社説」を取りあげるべきだとは思っていたのだが、まとめて読むと、これほど読むのが苦痛な文章は珍しく、途中でほとほといやになり、投げだしたくなった。

第二の苦痛は、それだけ読みづらいのに内容が空疎で、しかも一般記事と重複していることである。

空疎と感ずるのは、三日ぐらい前に記事で読んだことをもう一度言いなおしているにすぎない場合（これが非常に多い）に特に強く感じられ、何のために同じことをくどくどと言いなおしているのか理解に苦しむ。

批評というものは常に、批評の価値がある、したがって批評をしてみたいと思った場合にだけ可能なことのはずだ。それさえ感じられない場合は、お座なりに何かは書けても、真の批評は不可能でしかあるまい。

少なくともいままでは、新聞の一般記事に対して、これは批評ができない文章だと思ったことはなかった。もし全記事が「社説」同様になったら、その新聞は読む人も買う人もいなくなるであろう。

私には、なぜこのような「社説」が必要なのか、わからない。そしてこれは「記事」と、その重複「社説」を、「併行記載」すれば読者にもわからなくなるであろう。

次にその具体的一例をあげよう。

まず記事をあげる。これは読売新聞（一九七六年四月一日）の七面の外山《とやま》四郎《しろう》記者の署名入り記事である。

《どこかおかしい椎名発言　解散封じは〝越権〟政権タライ回しなら論外

「三木首相に早期解散は絶対にさせない」との椎名《しいな》自民党副総裁の発言（三十日）が波紋を呼んでいる。これを「当然」と支持するもの、「けしからん」と反発するもの——自民党内の反応はまちまちだが……。

「絶対にさせない」とは、椎名氏もまたすごいことを言ったものである。「早期解散反対」というかねての主張を通り越して、その主張を実現するための行動を宣言した形——その力み方は異常にさえ映る。

なにしろ、時が時だ。ロッキード事件の疑惑解明がどう進展するか、そしてその成り行きが政局にどう影響するか。予算審議の日程も立たず、このままだと三木政権は解散か総辞職かの瀬戸際に追い込まれるのではないか。そのヤマは今月の十日か二十日か……。そうした論議がしきりに行われているなかでのこの椎名発言が、自民党内で「三木退陣による政局収拾」が模索されはじめたことを示すとみられるのは当然だろう。

しかしこれは、なんともおかしな話、としか言いようがない。

いったい、椎名副総裁とは何なのか。

椎名氏は、四十七年八月、田中総裁のもとで自民党の「三代目」副総裁に就任した。初代・大野伴睦《おおのばんぼく》、二代・川島正次郎《かわしましょうじろう》らの〝実力〟との対比で「初の非力副総裁」と陰口をたたかれていたものである。

その「非力副総裁」が三木政権下で〝院政〟を取りざたされるほどの「実力副総裁」に変身したのは、いうまでもなく四十九年秋の田中退陣劇でポスト田中の党内調整役↓三木総裁指名を果たし、三木政権の〝産婆役〟（自称は「取り上げじじい」）となったからにほかならない。

〝産婆役〟は去年の春ごろから、まるで〝監視役〟のようになり、しきりに〝院政〟が取りざたされるようになった。――中略――

ここまでの段階で、椎名氏の言動を一概に批判、非難するのは当たらないかも知れない。総裁の〝行き過ぎ〟をチェックするのは副総裁の仕事の一つだろうし、与党首脳の一人として、首相に進言したり苦言を呈したり、あるいは自ら信ずる方向に党内世論を形成していく努力をするのも、当然のことといえばいえるからだ。

しかし、「解散封じ」や「ポスト三木構想」となると、これはもう党務あるいは党の政策などのワクを越えてしまう。野党が「首相の座やその権限を私物化した発想」と批判するのも当然だ。――中略――

しかし、もっと注目しなければならないのは、椎名発言の背景にうかがわれる自民党内の一部の「変な危機感」である。

椎名発言は、確かに一種の危機感から出ている。ロッキード事件の収拾、国会の機能回復を図らなければ、どうなるかわからない、という危機感のようだ。

しかし、ロッキード事件への首相の対応ぶりを「鬼検事ぶり」とみて、それが党内のき裂を深め、国会を混迷におとしいれた――だから首相に「政治責任」をとらせる――というのはどうか。

ロッキード事件への「政治責任」で三木・自民党内閣が総辞職し、野党に一時政権を渡す、というのなら、それはまた一つの考え方だろう。だが、「徹底解明」の難しさが自民党に危機をもたらしているのに、逆に「徹底解明」が危機をもたらすと考えてでもいるかのような印象を与えて、そのもとで自民党内でどんなに〝タライ回し〟をしたところで、だれがそれを「出直し」と認めるだろうか。

（外山四郎記者）》

重々しげな読みにくい文体

次がその三日後すなわち四月四日の社説の一部である。

《自民党内には「早期解散は絶対させない」という椎名副総裁の発言に見られるように、首相の手をしばるような動きが、半ば公然となっている。首相が政治道義上の責任追及を強調したその前日に、田中前首相はその釈明の中で、三権分立の建前上、問題解明は捜査当局に任せるべきだ、という趣旨の発言をしている。

あまりの見解の差に国民は驚くばかりである。こうした自民党内の言動との〝距離〟をどうやって埋《う》め、事件の真相を国民の前に明らかにしようとするのか。首相が自民党に対し指導力を発揮しない限り、「果たして首相の決意通り事件を解明できるか」という国民の疑いの声は消えないだろう。

国会正常化について、首相は米側との協議の続行や党首会談の開催などをほのめかし、予算審議と事件究明とを両立させるよう野党側に訴えた。これ以上、野党が審議拒否を続ければ、予算成立の遅れで国民生活に重大な支障を来《きた》すだけではなく、国会不信の声が高まり、議会制民主主義はその基盤を危うくすることにもなりかねない。

国会の空白は、議論を別の方に発展させ、事件をうやむやにするような自民党内の〝雑音〟を大きくさせるだけである。米側資料も近く届き、捜査が本格化する。国会も国政調査という立場から、事件の背景や、介在した政治家の政治道義上の責任を追及する体制をとらなければならない。

早期解散や総辞職を首相は否定したが、当面、事件究明と予算審議の促進が最大の課題で

ある。野党も国会の場で、今後の〝首相の姿勢〟を厳しくただし、監視して行く態度をとることを望みたい。》

読みくらべてみれば、なにも言う必要はないかもしれない。確かに記述の順序は違い、印象も違っているが、各文の主題を並行させていくと、結局同じことを言いなおしているにすぎないのである。

まず「早期解散は絶対させない」に始まり、監視役＝椎名副総裁の発言……首相の手をしばる、三木氏の〝政治能力〟あるいは指導力＝首相が自民党に対し指導力を……、自民党内一部の「変な危機感……」＝あまりの見解の差……自民党内の言動との距離、予算審議の日程も……＝予算成立の遅れで……等々という形で一つ一つ追っていくと、一見違ったように見える二つの文章が、一方が他方の前後を倒置して要約にしたにすぎないように見えてくる。

そう読むと外山記者の記事がすでに一種の〝社説〟であって、事実の〝報道〟という意味のニュースではない。

したがって、はじめのほうをニュースのみに要約すると次のようになり、ほぼ二分の一。この基準で全体をちぢめると、後段ほど「純ニュース」が少なくなるので全体としてはだいたい三分の一になる。

「『三木首相に早期解散は絶対させない』との椎名自民党副総裁の発言が波紋を呼び、党内は支持・反発と反応はまちまちである。これは『早期解散反対』というかねての主張を、その主張実現のための行動に移したもの。ロッキード事件解明の進展、その成り行きの政局への影響。さらに予算審議の日程がたたず内閣は解散か総辞職に追いこまれ、そのヤマは十日か二十日か……といった論議がしきりに行われているなかでの椎名発言は、『三木退陣による政局収拾』が模索されはじめたことを示すと見られる。椎名氏は四十七年八月、田中総裁のもとで副総裁（三代目）となったが、初代大野伴睦、二代川島正次郎らに〝実力〟を比較され『非力副総裁』と陰口をたたかれていた。……」

こうしてから前文と対比してみると、この一文は、ニュース・解説・主張の「三種混合文」、こういう文章はやはり「説」と考えるべきであろう。というのは「社説」もやはり同じような混合文だからである。そして違う点は、この〝外山社説〟のほうは誰が読んでもきわめて読みやすく、おもしろいという点だけである。

だがそれとほぼ同じ趣旨の文章が三日後に「社説」と銘うって掲載されると、はるかに短いのに、同じ新聞の文章かと一瞬疑うほど重々しげな、読みにくい文体になっている。だが重々しいのは文体だけで、言っていること自体は〝外山社説〟とほとんど変わらない。そのくせデレデレとした前文があって、長さは引用の約二倍ある。だが、外山記者の記事ほど訴えるものがあるわけではない。

これは新聞の権威主義のあらわれかもしれないが、こういう形の重複社説で読売新聞が権威づけられるとは、私は思わない。

「三紙合成社説」を披露する

以上が第一の型の重複とすれば、もう一つの重複が新聞社間の〝右へならえ〟的傾向という〝重複〟で、したがって二重重複になる場合がある。これは「おかしな『三木退陣要求』の動き」（毎日新聞五月一四日）、「三木退陣論の虚構」（朝日新聞五月一五日）、「理解できぬ自民の〝三木退陣要求〟」（読売新聞五月一五日）にあらわれている。

もっとも私が言う〝重複〟は、必ずしも、内容の完全な重複の意味ではない。もちろん一つ一つ指摘していけば具体的内容も重複しているが、それは、「三木退陣要求」という一事件を具体的に論じたのだから、個々の指摘が重複することは不思議ではない。

問題はその発想の重複である。それが奇妙なぐらい同じで互いに重複していることは、この三紙の表題をまとめて「理解できぬ、おかしな『三木退陣要求』論の虚構」という一つの表題にまとめられることでもわかる。

これでは三紙の社説を読みくらべても意味がないから、三紙合成社説というのを共同で掲げたほうがよい。そうしておけば、読者は、読んだ後で、また同じものを読まされたといったウンザリした気持ちを抱かないですむ。

こう言うと、いささか大げさに聞こえるかもしれないが、それが現実であることは、この三社説を切ってつなぐと、全体の文脈がそのまま通って、一つの文章になってしまうことで明らかである。

次にそれをやってみるが、これでは、三紙の社説の比較論評など、はじめから不可能なはずである。そして、この「合成」社説の文章のどの部分がそれぞれ朝・毎・読の文章かを判断してみろといわれても、おそらく読者には不可能であろう。次に合成社説を掲げるから、読んで判断してもらいたい。

《「社説・理解できぬ、おかしな『三木退陣要求』論の虚構」

自民党の椎名副総裁が、田中前首相、大平蔵相、福田副総理らと相次いで会談し、三木首相の早期退陣による政局転換の話し合いを進めているという。

一昨年十二月、椎名裁定で三木総裁の実現を推した同氏が、反三木の姿勢に転じたのは去年の通常国会以来である。今回の動きは、いつかそうした場面が訪れるに違いない、と予想していたことが現実になっただけといえよう。

しかし、多くの国民には、これはだしぬけの印象を与えているだろう。そこには理解しかねる点が多い。そればかりか、不明朗と思われる部分さえうかがえる。権力抗争だとしても、国民の納得できる道理や大義名分がなければならない。その意味で、三つの疑問がある。

第一、国会の会期末という重大な局面なのに、なぜ早まってそうした動きを進めるのか。国会には、国政上必要な法案や条約がまだ多く処理されないままとなっている。しかも、残りの会期はわずかである。そうであれば、いまは政府・自民党がこれらの問題の処理に全精力を注ぐべき時であろう。

第二、ロッキード事件処理という、政府・自民党が直面している重要課題がこの政局転換によってあいまいにされる恐れはないだろうか。同事件処理をめぐって、三木首相と椎名副総裁らとの間には、その取り組み姿勢に大きな違いがあるといわれている。

三木首相は、この事件の徹底究明が国民の期待にこたえる道であり、自民党の改革にとってもぜひ必要だ、という認識で、そのためには自民党に多少の犠牲が出てもやむをえないと考えている。椎名副総裁はこの態度を「はしゃぎすぎる」と強く批判し、自民党の犠牲を極力少なくすべきだ、という考えのようだ。

かりにそうした思惑があるならば、国民のきびしい批判を浴び、自民党にとっても大きなマイナスとなるだろう。しかし、その種の推測に対する明快な答えはまだ出ていない。

第三、椎名副総裁の態度への疑問である。同氏は党改革を積極的に進める態度をしばしば表明しているのに、事件処理に消極的な印象を与えているのは、まことに納得できない。この事件の徹底究明を避けては、本当の意味の自民党改革はありえない、と思うからである。

政治の中枢《ちゅうすう》が動揺すれば、捜査当局による究明作業の気組み（注：いきごみ）も影響を受けざるを得まい。また、ロッキード汚職の摘出に意欲的な三木首相の退陣は、自民党自身による自浄作用を絶望的にするばかりか、国会を中心とする政治責任追及をいっそう困難にすることになろう。

その意味で「三木退陣論」は、国民にとって真相究明へのわずかな手がかりさえも摘《つ》み取る動きといわざるを得ない。また、この政治工作でカナメの位置にいる勢力のなかに事件関係者がいる疑いが、広く持たれている。退陣論のねらいが事件の隠滅にある、と受け取る国民は決して少なくあるまい。

椎名氏が、もし本当に三木首相が不適任であったと考えるのであれば、三木氏をなじる前に、まずそういう人物を総理・総裁に推した自分自身の不明を国民にわびるのが、政治家としての道筋だと考える。

ましてや、金脈問題で退陣し〝疑惑は、調査して国民の前に明らかにする〟との公約も果たしていない田中前首相らと、ポスト三木の相談を進めるなどは、政権を私物化するものと非難されても仕方あるまい。そのような話し合いで、仮に新政権が樹立されても〝人心一新〟などと、国民の多くは受けとるまい。

三木首相にも、多くの点で反省の余地はある。だが、首相の「この難局処理は、過去四十年間、議会政治にささげて来た私の政治生活の総決算だと思っている」という言葉は、自民党長老たちも素直に受け取ってやるべきだと思う。自民党が〝自浄能力〟を示してこそ、保守政権の前途が開かれる。それを忘れた政局転換では、国民の期待からかけ離れ、保守政権の墓穴《ぼけつ》を掘るにひとしい。》

どこがどの新聞か、即座に判定できる人がいたら、たいへんな烱眼《けいがん》の持ち主だと思う。というのは、私はこれを自分で切りばりしたのだが、はり終わったとたん私自身もわからなくなったからである。

おもしろいのはこの入れ替えが実は一種類でなく、何種類でも何通りでもできることである。たとえば冒頭は読売だが、そこを朝日の冒頭の「自民党の椎名副総裁は、このほど党内の実力者と個別に会談し、三木首相の退陣による政局転換に協力するよう促した」と取りかえてもいい。また末尾は毎日だが、それを読売の「今のような動きが続けば、自民党は自らの手で墓穴を掘って行くことになるだろう」と取りかえてもよい。

また「墓穴を掘る……」を朝日の末尾の「必ずや失敗に終わるだろう」に変えてもよい。また一、二、三となっているものの冒頭と末尾は毎日だが、それぞれの項目に他の社説を充当して、接続詞を少しかえれば、それでも一つの文章になる。

こういうことができるという事実がまことに不思議だが、さらに不思議なことは、これだけ長い社説の言っていることが、次の文章に入ってしまうということである。

《**自民実力者に警告する**

会期中から三木首相への退陣要求やポスト三木への思惑《おもわく》が表面化。ロッキード事件の究明をあいまいにしての政権タライ回しは政治不信を招くだけだ。猛省を望む。》

これは東京新聞（五月一五日）の社説《リード》だが、「社説」に関する限り、東京新聞のこの行き方が、内容は別にすれば、最もよいと思われる。というのはあくまでも新聞らしい編集で、文章その他も、他の記事の文章との間にそれほど違和感がない。

また「見出し」の「自民実力者に警告する」も的確だと思う。というのは朝毎読三紙の言っていることも、結論は「警告」であり、それは末尾の「墓穴を掘る……」「必ずや失敗に終わる……」が示しているからである。

確かに「社説」というものは、新聞社の、社としての意見、主張あるいは政府や社会への警告であってよい。だが警告ならまずはっきりと「警告」と書き、次に、その内容を冒頭に短く要約する。これが新聞の行き方のはずだから、他紙もこれを取り入れたほうが読者に親切ではないか。

というのは、新聞をすみからすみまで読む人間は、多忙な日本ではまず例外であり、テレビを五時間近く見る女性でさえ二十分だという。このわずか二十分内に、社説から広告まで全部読める人間はいないであろう。

人びとは見出しとリードで、関心のある記事を選別しているはずである。したがって、今日の社説が自分にとって関心のあることか否かを、まず、見出しとリードで判別できるようにしたほうが、読者に親切ではないか。そして興味がなければリードで要約を知ればよく、そのほうが、全然読まれないよりも、新聞にとって有利なはずである。

というのは、たとえば三日前の記事の読み落としをこれで読む場合もあるからである。ただ東京新聞の社説も、特色はそれだけで内容は前記三紙と同じといってよい。

結局「サンドバッグ叩き」

ここで問題を感ずるのは上記四紙の基本的発想である。というのは、この三紙共通（いや四紙）の基本的発想が究極的には自民党支持であり、したがって、国民に支持されない自民党になっては困るという考え方が基底にあることである。したがって「警告」となる。これを、草柳大蔵《くさやなぎだいぞう》氏（注：評論家）の「サンドバッグ論」にあてはめてみるとたいへんにおもしろい。

氏は、いわゆる反米・反自民・反大企業等々は、サンドバッグを叩いているようなもの、まず第一に、いくら叩いても相手は倒れないし傷つかないから大丈夫、という前提がある。それは基本的には、倒れたら自分が共倒れになるから、本気で倒す気はないことである。

第二が、いくら叩いても相手が叩き返してくる気づかいはなく、自分が倒れる心配はもちろん、叩いている手の先さえ傷つく心配なく、絶対に安全であること。

第三に、それでいて相手は無反応でなく、少しへこんだり、多少はユラユラゆれてくれるから、一種の手ごたえはあること。

第四に、その前提で大きなゼスチュアで叩けばカッコよく、かつ人気が出ること、等々であったと思う。

こういう形のいわゆる「叩き」は、相手が本気で叩き返してきたり、相手が本当に倒れて自分も共倒れになりそうになったり、自分が傷つきそうになると、一瞬にして態度は豹変《ひょうへん》し、そのとき本音が見えるのが普通である。

ロッキード事件でいうなら、自民党は一種の危機に立ったか、危機に立ったという印象を広く与えたか、どちらかである。私には、この瞬間に、新聞の論調がどう変わるかが、たいへんに興味深かった。

前記の「三紙合成社説」をよく読むと、確かにこれは警告である。だが〝何かに警告〟とは、基本的に二種に分かれるはずである。一方は、国際的な駆け引きによく使われる「そういうことをするなら叩きつぶすぞ」といった形の事前警告であり、もう一つは「そういうことをしていると、今にたいへんなことになりますよ」といった形の、身内の前途を案じての「母性的」警告である。

言うまでもないが、この母性的警告を連発するものの典型が「教育ママ」である。

以上の観点から今の「三紙合成社説」を見ると、それは明らかに女性的、教育ママ的「身内の警告」であって、相対立する対者への「警告」ではない。

椎名氏による「三木退陣策謀」という劇において、最もおもしろい見物《みもの》は、当時の記事と論説を通じて、新聞のこの姿勢がはっきりしたことである。このことは「三木首相の退陣は、自民党自身による自浄作用を絶望的にする」「三木首相にも、多くの点で反省の余地はある。だが、首相の『この難局処理は……私の政治生活の総決算だと思っている』という言葉は、自民党長老たちも素直に受け取ってやるべきだと思う。自民党が〝自浄能力〟を示してこそ、保守政権の前途が開かれる」といった言葉にあらわれている。これこそ典型的な身内への母性的警告である。

また「素直に受け取ってやるべきだと思う」とか、これこれを「示してこそ、……前途が開かれる」とかいった言葉は、一面、長老的〝御意見番〟的立場の人間の教導的警告ともいえるであろう。御意見番なら、どんなにズケズケ言おうと、結局は、大久保彦左《おおくぼひこざ》と同じ〝家臣〟ないし〝身内〟にすぎず、権力と相対立して独立する別の存在ではない。

もちろんそのズケズケは人びとをスカッとさせる清涼剤的意味があり、モヤモヤをフッ切るから精神衛生上の効果はあるが、その本質は保守というよりむしろ現状維持であり、またそれがその者の心底での基本的希求であって、ズケズケはその希求を裏返しに表現しているにすぎないわけである。したがって、自民党が〝自浄能力〟を発揮して、保守政権の前途を開いてほしいということが、その心底にある、現代の新聞社のホンネであろう。

そう思って、海外問題への社説を読むと、まさにその通りの感がする。多くの〝警告〟が発せられているが、この〝警告〟は彼らの耳にとどかず、読んでいるのは日本人だけ、しかし果たしてその外国の実情を完全に知りつくしての警告かどうかはわからない。

ただどんな突拍子《とっぴょうし》もない警告をしたところで、反論がくる心配はないから、これも一服の清涼剤にはなるであろう。ただこれの引用はやめよう。あの文章をあまり引用していると、この「新聞紙学」まで読者が読んでくれなくなるから。

新聞は第四の権力などといわれるが、日本の新聞はおそらくそうではない。今の体質は変化すまいから、もし独裁的権力があらわれた場合も同じことであろう。それと対決して、「立つか倒れるか」の決定的闘争を執拗《しつよう》におこない、ペン一本で相手の息の根をとめるか、自分が倒されるかまで徹底的に戦うといったことは、とうてい日本の新聞に望むべくもない。

おそらく今と同じ、「サンドバッグ的姿勢」で「教育ママ的警告」と「御意見番的忠告」を連発するだけだと思う。今ですら、それが限界なのだから――。

この点、ニクソンを辞任に追いこんだワシントン・ポストとは、その発想が基本的に違うように思われる。ニクソン辞任の歴史的評価は別として、彼らははっきりと、ニクソン政権と相対立し、これと対等で徹底的な闘争をおこなう独立した一機能、すなわち第四の権力として行動している。

一方、日本の新聞ではロッキード事件発生直前の記事を読むと、田中復活がすでに既定の事実であるかのように報じられており、それへの対決的警告はない。この記事の分析から判断すると、もしロッキード事件がなければ、今ごろは実質的な田中〝院政〟内閣になっていたように思う。おそらくこれが「身内の警告」という基本的姿勢の限界であろう。

ではこれで独裁的権力が出てきたらどうなるのか？　軍部台頭時と同じことになるのか？

そうなっても「三社合成社説」の限界を越えられないのか？
これが、われわれのもう一つの課題であろう。

新聞の「角栄的体質」

○×式評論よりもニュースを

「ロッキード報道に関する限り毎日は抜群で、他紙は一歩も二歩も遅れをとっている」という印象を持っていたのは私だけではない。

私自身このことを書きもし、言いもしたが、その大詰め近くになって、朝日（注：一九七六年二月七日・夕刊）が「コーチャンの回想」（注：コーチャンはロッキード社副社長。ロッキード事件の発端となった「コーチャン証言」をアメリカ議会でおこなった）というすばらしいスクープをやって一挙に差をちぢめ、逆に、毎日を少しリードした感がある。

「コーチャンへの直接取材」は確かに一種の盲点、今回の事件の贈賄《ぞうわい》側の真の主役にその全《ぜん》貌《ぼう》を語らせたのは、見事であった。

だが、私がこのスクープを少々ほめすぎたためか、ある記者から反論を受けた。「いや、コーチャンに着目した点はうまいと思いますが、内容は新味ないですなあ、いままで書かれたことの集大成みたいなもので、別に新しい事実が出てきたわけではなし……」と。こういう見方も成り立つかもしれない。

だがこれは立花隆《たちばなたかし》氏の『田中角栄研究――その金脈と人脈』のときも出てきた意見で、私は、この見方は正しくないと思う。というのは、「ある種の推定が成り立つ」「ある種の断片的報道があった」ということと、それを当事者に系統的に語らせることとは自ずから別、「こちらのほうこそ報道だ」と私は考えるからである。

「コーチャンが語った」ということと「それと同じ内容の推定はほぼ百パーセントの確度で成り立っており、その推定はすでに報じられている」ということとは、決して同じではない。そしてそれが同じでないということは、田中内閣成立時の新聞を読むとわかる。

当時も朝日には「央記者《なかば》」（注：央忠邦《なかばただくに》。二七年間、国会記者を務めた）の署名で、推定の形はとりながらも、強い「金権批判」がすでにあり、この状態がこのまま継続すれば昭和初期の革新将校決起と同じ事態を招来しても不思議でないとすら記している。

そして同趣旨の、ある面ではさらに強い指摘となっている記事は毎日にもあり、他紙にもないわけではない。だがこれらの記事は、実際的には効果はなく、おそらく「央記者」の意図した効果は皆無《かいむ》と思う。

これが直接的具体的でない弱さで、このときもし「コーチャンの回想」と同趣旨のものが朝日に載ったら、たとえその内容が央記者の記事と同じで、〝ニュース中毒的な記者〟たちは「新味ないですな」と言うかもしれないが、田中内閣は「文春」の金脈暴露を待つことなく、発足以前に瓦解《がかい》したかもしれない。これが、直接取材に基づく「証言の力」と「推定をまじえた総括的記述プラス批判の力」との差、一言でいえば「ニュース」なるものの真の力との差である。

四年前（注：一九七二年）の記事を見ると、まずこの力関係が逆転し、いわば「コーチャンの回想」式の田中首相（当時）への直接取材記事が、完全に「央記者」の記事を抑え、さらにその上に○×式的評価のオール○的賛美記事が加わって、手がつけられなくなっている。

私は、今の新聞が「評論主義」に墜《お》ちすぎ、記者・編集者が、ニュースの真の力を自覚していないように思う。評論家は一掃して、徹底的なニュース主義を貫《つらぬ》き、今日は朝日が「コーチャンの回想」あすは他紙が「児玉・小佐野両氏の回想」というふうにスクープ合戦をくりひろげれば、毎朝、新聞がくるのが楽しみになるかもしれない。

これをしないと、新聞に央記者のような記事があっても、読者の受けとり方は逆になっていく。

たとえばサンデー毎日の記事に、次のような角栄信者の言葉が載っている。「マスコミちゅうのは、先生が調子いい時代には庶民宰相なんてバカほめしとったくせに、ちょっと調子悪うなりゃこうだ。義理人情がわからんのじゃのう。こんがらこついい男おらんにのう。人間逆境に立った時こそ応援してやらにゃあ……」と。

この言葉に対し、またこれと非常によく似た「四年前の角栄礼讃のありゃ何だ……」といった形の、新聞の無節操を非難する〝庶民の声〟――これは実に強く、「徹底的にブッ叩け」式の激励の手紙が私のところまで来るのには、少々驚く――は、いまや一種の〝世論〟みたいな形になっている。

これに対して、新聞側にも確かに言い分はあるはずで、「当時の新聞を精読してほしい、われわれは田中新首相に期待はしたが、同時にはっきりと、その金権体質は精算するよう強く主張している」と言えるはずである。

確かに「こりゃ少々、どうかと思う」と言いたいゴマスリ記事もチョーチン見出しもあり、それらはいま新聞の揚げ足をとるには絶好の材料であろう。しかし一方には、実に強い批判もあるにはある。だが、それがありながら人びとがそれを忘れ、「角栄礼讃一色だった」という印象を持っているのは、理由がないことではない。

この関係は、前述のように「コーチャンの回想」が「庶民宰相の回想」となり、「コーチャンの自己弁護への批判」に等しきものが金権体質批判になっているからであり、同時に田中氏と新聞が実に相互に感応しやすい○×式的体質を持っているからである。

田中角栄かく語りき

せっかくの批判が、まことに弱くて印象に残らないもう一つの理由は、それが田中首相その人に向けられず、自民党総裁選における「党大会」という抽象的対象に向けられているため、最も鋭く党大会の恥部《ちぶ》を指摘している央記者の筆も、これだけ読めば迫力がありながら、他と対比すると迫力がなく影を没してしまう点である。

これが他紙ともなると、もっと印象が弱く、読売では、よほど注意してその部分を探さないとわからない。

とはいえ当然、金権問題に対する田中総裁の、記者会見における回答も記事になっている。これはもちろん三紙ほぼ同じだから、最も詳しい毎日のを引用するが（読売が最も簡略）、その前に三紙の見出しを掲げよう。

「朝日」政治の流れ変え不信解消・生活第一に発想転換・黒いウワサは自戒
「毎日」やれることはすぐ実行・（中見出しで）黒い金、事実なら責任負わす
「読売」〝生活第一、決断の政治〟挙党体制で対処「改造論」困難でもやる（読売は見出しで「黒い金」に言及していない）

＊

黒い金、事実なら責任負わす（毎日）

——総裁選に金のウワサやポストの取引などの噂《うわさ》が流れ、これが政治不信につながっているが。総務会の紛糾などもそうだ。

田中　金というようなものは動いていない。ポストも私に関する限りはない。もし仮に皆さんがそう思われるなら、予測されているような人事にはなりません。しかし、ウワサも出ないように、これから自民党自体も考えなければならない。制度そのものにも問題があるなら、謙虚にうけとめ、マスコミにも報道されることのないようにしなければならないと思う。私も総裁になったので、あまり触れないほうがよいのかもしれないが、やるなら確たるものを出して責任をハッキリ負わせる、事実があったのなら責任を負わせるべきですよ。ウワサが一行のものが二行になり、それが転用されたり、これはよくないことだ。党内にそういう体質があったとか、そういうことを前提にして議論されたのであれば、自民党としてエリを正さなければならない。金のことを言われるが、本当に皆さんがよく見て、本当にそういうことがあるというなら、これは別だが、ウワサさえ出ることはよくない。

＊

この問題を相当に執拗に追究しているのは毎日である。記者の追究ぶりを見ると、田中新総裁はなんとかうまく切り抜けようと、のらりくらりとかわしているのがわかる。

だがそれを記しているのは毎日だけ。他紙でこの田中答弁だけを読むとまことに堂々たるものであり、これと比べれば、ロッキード事件で国会に呼ばれた証人のほうが、はるかに〝良心〟が感じられる。

この田中新総裁の答えには、四つの要点があるであろう。(一) ウワサがあるという事実には自戒する。だが、(二) 事実はないと信ずるが、あれば責任を負わせる。といっても現実に、(三) カネというものは動いていない。皆さんがよく見て、本当にそういうことがあるというなら別。(四) (カネはもちろん) ポストも、私に関する限りはない。

なにしろ本人が堂々とこう言っている。言い切っているという点では、コーチャンと同じである。これに対して記者が誰も反論しないなら、読者はこれをそのまま受けとる以外に方法がない。そして、読者に方法がないという点では、今も変わりはない。とすると、この点が前に述べた「金権総裁選への論評」、特に央記者の記事とどう関連するかという問題も生じる。

二つを総合すれば、次の解釈しか出ないであろう。(一) 田中新総裁はカネを使わず、他の候補が使っただけ。(二) 央記者の記事は誤報か誇大報道、田中新総裁の言葉をかりれば、実体のないうわさの、無責任な収録。(三) 田中新総裁は嘘《うそ》をついている。このいずれかになり、簡単にいえばその判断は読者に一任しているわけである。

だが、最も真相をついた央記者の記事さえ名前を明記せぬ者の伝聞証言がほとんどであり、それとそれへの印象批評は、本人の直接の断言と比べれば、はるかにその印象は弱い。

ここにも「証言」そのもののニュースと、「推定をまじえた総括的記述プラス批判」の差が、歴然として出てくる。したがってこういう場合、読者が、ニュースのほうだけをとり、他を忘れてしまって、当時の新聞は「角栄讃美一色だった」と思って当然である。

そして「いやあのときかくかくの批判もしました」は、前に『ある異常体験者の偏見』（注：山本七平著、文春文庫所収）で述べた「アントニーの詐術《さじゅつ》」（注：シェークスピアの『ジュリアス・シーザー』で明示されている扇動話法《せんどう》）における「シーザーへの批評の部分」のような役割しかせず、見方によっては、「角栄ブーム」をあおる点で、逆作用しか果たしていないようにさえ見えてくる。

おそらくこれは「公正に見ております」「対象べったりではありません」という表示のため、無意識的にバランスをとっている記事であろうが、効果としてはむしろ逆である。というのは「べったりでない」と思えば、読者は「角栄讃美記事」のほうを割り引かないからである。

言うまでもなく読者は、「語られたという事実」「語られた事実」「記事の矛盾《むじゅん》から判別できるその奥の真の事実」の三つを峻別《しゅんべつ》して新聞を読んでいるのではない。したがって、以上の引用記事は、「田中新総裁はかく語った」という事実をそのまま報じているだけで、「田中新総裁が語ったその内容はすべて客観的な事実である」と報道したのではないという言いわけは、その席上で記者が具体的に反論するか、あるいはそのすぐ後に「この内容は事実とは思われない」という注記をつけるかをしていない以上、少なくとも読者に対しては成り立たないはずである。

そしてそれが、否《いな》、おそらくそれだけが、ニュースに必要な注記もしくは論評のはず、他は不要なはずである。こう見ると、今の新聞にはニュースに不可欠な注記と論評があまりにも少なく、○×式的評論が多すぎると言わねばならない。

無哲学・無思想・思索不能

だがこれらを検討していくと、田中氏は実に鋭く本能的に新聞の実体をつかんでおり、「新聞対策」に絶対の自信があっても不思議でないように思う。というのは、彼のしおらしげな答弁の背後には、「オレの金脈の実体が摘発できるならしてみろ、どうせおまえたちにゃ出来っこないから」というにも似た傲岸《ごうがん》な感じがあるからである。

そして彼が「密室政治防ぐためマスコミを尊重する」（読売）、「新聞は尊重する」（朝日）といい、「……各新聞社政治部長と会い、言論問題について『マスコミを避けようとすると

〝密室の政治〟になる。私はマスコミを尊重する』と見解を述べるとともに、佐藤首相が〝引退テレビ会見〟のさい内閣記者会に暴言をはいたことについて『手違いもあったが、あれは大エラーだ』と語った……」（読売）に続く記事は、一にこの自信のあらわれであろう。

そしてこの自信を彼は、コーチャン証言の始まる今年（一九七六年）の二月五日まで持ちつづけ、おそらく今も、「なあに、三年後には反転して、新聞はまたもとに戻り、オレを支持するに決まっているさ」といった自信を持っていると思う。

こういう点は意外と（否、当然に）新聞の周辺の人びとに自覚と危惧《きぐ》があるらしく、「週刊読売」の「このさいあえて聞く、角さんの変な魅力」の中の角番記者の言葉は秀逸《しゅういつ》である。「頭の回転が早く、政治現象を解説してくれるようなタイプじゃない。つまり、妙な理屈をいわない人だ。結果だけをスパッと出すタイプで、田中と会ってると、まったく異質な人と会ったあとのようなスカッとした気になった。記者の立場からいえばつきあいやすい政治家だったし、まあ魅力的な人間です」とあり、「人間角栄」にぞっこんまいっている記者が決して少なくないと記されている。

この「異質な人と会ったあとのようなスカッとした気」というのはおそらく記者の錯覚であり、その前文から追っていくと、「他の政治家と全く異質」の例外人で、むしろ「珍しくも自己と同質な人」と会ったがゆえに「スカッとした気」になったのであろう。

自己とまったく異質な人間では、「スカッ」という気分になれるはずはないからである。ということは、田中角栄氏はまさに、今の新聞と同質人間であり、絶対に異質ではない。したがって新聞は、「つきあいやすい」「魅力的な人間」として異様なまでの親近感を示すとともに、一種、自己の欠陥を演じられているような不快感をも示している。

そしておもしろいのは、田中首相の欠点または田中首相への危惧を記している言葉は、まさにそのまま、日本の新聞の持つ欠点であり、また読者が不知不識のうちに持つ新聞への危惧なのである。

したがって今回のような事件があると、「田中再浮上」から一転して近親憎悪ないしは、「憎さ百倍」的な集中攻撃となり、その感情の振幅が極端から極端で不思議ではない。

両者の共通点を要約すれば、まず無哲学・無思想、根は通俗道徳の頑固な信奉者で、そのため思索《しさく》は不可能、思索がないから長期の予測や見通しは一切できないが、「頭の回転が早く」目前の現象にはすぐさま機敏に対応し、〝決断と実行〟という○×方式で「結果だけをスパッと出すタイプ」だから、その場その場で一切が、それなりにまとまって、インスタントな政策にも記事にもなるわけである。それゆえ「記者の立場からいえばつきあいやすい政治家」で「魅力的な人間」であって不思議でない。

また両者とも一貫性がなく、そのため、ある一点に問題をしぼって少し長期間にわたってその跡を検討してみると、○×のつけ方が、まことに平然と逆転している。こう見てくると、「小説家になろうと思ったくらいだもの。徳冨蘆花《とくとみろか》……、蘆花のような人間ですよ。わたしゃ」（朝日）と言い得る彼は、政界に出るよりも新聞界に出たほうが、むしろ、よかったかもしれない。

これらを見ていくと、一切の批判記事を消し、それらを逆効果的に作用させてしまった田中氏出現のときの肯定的・賛美的評価は決して作為でなく、両者共通の○×式発想が互いに共鳴しあって、最後には、新聞という巨大な共鳴箱が全日本を「なにわぶし」一色にしてしまった、と見ざるを得なくなる。

今の日本の新聞とは、つまるところ、○×式教育を受けた○×式記者が書く○×式新聞だから、その先覚者とも言うべき天性○×式的な田中氏と共鳴してこうなるのが当然だが、一体新聞が、田中氏をどのような言葉で規定してそれに○をつけたか、以下にそれを記せば、新聞の「なにわぶし思想」がある程度は解明できるであろう。

まず朝日は、彼を右派でなく中道だと規定し、右派×、中道○、という評価をしている。それが（注：一九七二年）七月五日付夕刊の一面の「自民新総裁に田中氏」の下の「保守中道路線の登場・くずれた自民右派体制」という四段抜きの解説記事にまず出てくる。

そのはじめのほうで、田中氏の登場を「……象徴的にいえば、それは『岸・佐藤支配体制』――つまり、自民党右派勢力の衰退と、田中、大平、中曽根三派を軸とした『保守中道路線』による新しい支配体制の登場ということであろう」と規定し、この規定が主眼であり、よっぽどこれを強調したいらしく末尾にもう一度「結局、この総裁選挙の最大の特徴は、自民党の右派中心の支配体制がくずれ、田中、大平、中曽根三派を中核とした保守中道路線の登場にあるとみられる」と同じことを繰り返して結論にしている。もちろん、金脈のキの字も出てこない。

結局、中道○、右派×、というわけだが、○×方式にはつねに説明がないわけで、一体、朝日はどういう理由で、福田右派、田中中道と定義したのかとなると、さっぱりわからない。こう規定した本人に、その本人が抱く「右派」「中道」といった概念の定義を細かく問いただせば、おそらく本人も答えられないであろう。これが私の言う無哲学・無思想・思索不能の○×式信者の定義である。

金権から中道が出た

この「反右派・中道」という定義は、まことに擬似《ぎじ》インテリが喜びそうな朝日的定義だが、毎日を読むとどうしてそういう定義が出てきたのか、その理由がわかる。

彼が新総裁に選ばれた理由を、毎日はこのように〝イデオロギー〟的仮装では捉えず、冷静とはいえないまでも実証的に分析し、いま読んでもこの記事そのものには、あまり違和感はない。この中に「田中氏は日ごろから『左の三木でも右の福田でも党は弱まる』と自身の中間的な安定性を口にしていた」とあるから、朝日の規定はつまるところ、彼自身のマスコミ売り込み用ＰＲ的自己規定であり、朝日はそれをそのまま朝日における彼への規定としているわけであろう。

確かに右は×、左も「首相としては」×、つまり中道が○だが、ではどうして彼にこう自称できるのか？　だがおそらくこれは記者にとっては愚問で「彼は理屈をいわず」「結果だけをスパッと出した」ので、それで記者の頭が「スカッ」としたからそう書いた、ということなのであろう。

だが、朝日のこの記事と央記者の記事を併《あわ》せ読むと、党大会は金権だが、右派でなく中道が選ばれたのだから、まあいい、といった形にも読め、「アントニーの詐術」的肯定という結果になっている。

この点毎日は、〝中道〟はまったく評価せず、「周到な準備実る・物言った人柄と行動力」の見出しで「エネルギッシュ・周到な布陣・類《たぐい》まれな細かい計算・顔の広さ（池田内閣当時すでに三百人の国会議員と親交）・角さんならではの政治力・バイタリティー・豊富な資金力・議員へのめんどうみ（「世話になった」「頼りになる」の田中支持の弁が多かった）・選挙に自信のない若手の吸収・庶民的肌あい・あけっぴろげな人柄・参院の〝重宗《しげむね》王国〟(注:自民党の重宗雄三《ゆうぞう》参議院議長が権勢を誇った参議院内勢力地図からの当時の表現)の崩壊による田中氏へのなだれ現象・佐藤首相の『角福調整断行』の不備」等の現象面だけをあげている。

この見方のほうがリアルだが、これを×的でなく○的に見ているなら、その見方は〝金脈肯定的〟といわねばならない。

というのは、ここまで書きながら角栄方式の裏にある金脈の具体的事実にふれず、それに続く第二面のトップの「新総裁に望む」(編集局顧問、新井達夫)に進むと、結局この前提を承認した上で、別な点で田中氏に○をつけたという結果になっている。ここで新井氏が田中氏に○をつけている点は次の通りである。

(一)党人政治家の典型、大野伴睦は「義理人情」を絶対とした。だが「田中角栄氏が、同じ『党人政治家』であっても、大野氏とはかなり違うことはだれにもよくわかる。第一に知性が高い。そのために義理人情におぼれるとか、それを政治家たるものの第一条にするとかいうことは、田中氏の場合には考えられない」。

この点で○だが、さらに自戒され、大義名分を貫かれるように、というわけだが、ここに記されている田中角栄氏が「知性が高い」という評価の「知性」とはいかなる意味なのか、私には理解できない。これも「スカッ」であろうか?

（二）「総裁総理としての田中氏に求めたい第二は『官僚の親玉になれ』ということである」。官僚政治から一転して「それを統率して政治の上にフルに活用するのが総理の任である。それには田中氏は、むしろ適任だといってよい。なぜなら、包容力からしても、これまでの実績からみても、田中氏は官僚の使い方がたくみであった。蔵相時代に大蔵官僚が挙げて心服したというのもその一例である」。したがって○であると。

だがこの心服と、官僚と利害が一致するがゆえの癒着《ゆちゃく》とどう違うのか。私はこの点、新井氏の説に少々不思議な感じがする。というのは、ここに記されていることと（四）とは、どう考えても矛盾するからである。本当に心服していれば、（四）はあり得ない。

（三）「近年の『政治不信』は、政治が国民の実生活に有効な手を打っていないことからきているが、それは政治と行政とが遊離しているため」である。「『コンピューター付きブルドーザー』と名づけられた田中氏は、コンピューターの精密な合理主義を行政に求め、ブルドーザーの強力な実践主義を政治に求めて、この両者を自己の中に凝集《ぎようしゆう》しようと考えているに違いない。それはまさに今日の時代的要請であり、田中氏が、モタモタしている官僚出身政治家よりも一歩さきを歩いていることを認めないわけにいかない」。だから○である。

これは論評する気になれない。というのは、新聞の経営ならこれでよいと思うし、おそらく、「コンピューターで編集に合理主義を求め」それを記事にして、ブルドーザーのような勢いで走りまくれば今の新聞になるから、「この両者を自己の中に凝集」すれば理想かもしれぬ。

なぜなら情報の提供は一方向への対応であっても、利害錯綜《さくそう》する多様な価値観に多角的に対処して、その矛盾を調整する仕事ではないし、今の新聞には特にこの視点がないからである。これは新聞人の自己投影であろうが、総理に求むべきことではあるまい。
（四）日本は明治以来官僚国家である。だから田中氏を危険視して、「早いところ退陣させるのがよいという意見が、各界上層部にある」。黒い霧による政局不安定は困るという考えもあろうが「それよりも田中氏が、政権の座についたのを機会に『これまでの閥族《ばつぞく》に支配されてきた体制をひっくりかえす』ことを恐れての意見であるかもしれない」。
これは危険だから、「自民党の『体質』や『党風』をどういう方向に持っていこうとするのか、それを『せっかちの田中氏らしく』『抽象的でなく』早く」やってもらいたい。これだけが半分は本当の意味の「望む」で、あとは全部「共感の表示」である。

これだけ称揚された新総裁すなわち実質的新総理は、日本の歴史に前代未聞、強《し》いてあげれば東条首相ぐらいかもしれぬ。しかしあのときはすでに準戦時下、しかもまさに戦争に突入しようとする言論統制の時代であった。言論の自由が保証されて以後は、まさに空前絶後というべきであろう。

これは彼ほど、新聞人の感覚にマッチした政治家はいなかったということであり、これは新聞が「角栄的体質」を持っている証拠にほかならない。

自らのフィクションに酔って

次に読売に移る。読売は一面の同じような位置に、「角さんと呼ばれる政治を・庶民の願いと期待を裏切るな」（政治部長・多田実《ただみのる》）という四段抜きの見出しの「解説・要望記事」とでもいうべきものを掲げている。

だがいくら読んでも、多田氏がどのような願いを「庶民の願い」と規定しているのかわからないので、どのような行為をしたら裏切りになるのか、実際にはわからない。

これは朝日に「右派・中道」の定義を細かく問いただしたら、おそらく答え得ないのと同じ現象である。ただ書かれていることは、わずかの要望を除けば、これまた田中氏は全部○だということである。

「大衆にとってきわめて距離感の少ない最高権力者がいま誕生した。それにしても、実に久しぶりの党人総裁の出現であり、既成の常識では考えられなかった〝雑草〟首相の登場である」。したがって○の意味であろうが、この「距離感云々」はフィクションである。

「……新総裁を告げる大会場のドヨメキや、それを伝え受ける大衆の表情の中に、いままでみられなかったような明るい共感や期待感が渦巻いていたことも印象的だ」。これも○なのだろうが、「大衆の表情……」以下は事実ではあるまい。第一、人の表情からすぐさまその人の共感や期待感といった「内心の感情が渦巻《うずま》いている」のを読みとれたら不思議である。これは自己の脳裏にある庶民像なるものへの、田中氏に触発された感情移入であろう。

ついでそうなったのは、長い自民党政治が、密室の中の硬直した権力政治であったため「それへの、反動的期待だといってよい」となっているが、田中氏もまた佐藤政権の一員でその後継者、いわば「密室の中の一員で金脈政治家」であったわけで、それと無関係な野党の政権ができたわけではないから、こういう期待を人びとが抱いたなら、新聞はそれを虚像だと記し、その実体を伝えるべきであろう。

だがそれはなされず、いきなりここで「いまから三十八年前、一人の少年が上野駅頭に降り立った……幸運を呼びこむ資質と努力だけをたよりに、ついに今日のトップの座を得た。草の根からおどり上がった仲間の代表選手――」。だから○ということであろうか。

だがこれは通俗小説の世界の話であっても、報道ではあるまい。

「『田中さんなら、自分たちの苦しみと願いを察して、それをわが身になって解決してくれる』という多くの庶民の期待をぜひ埋めてほしいものである。密室を抜け出した明るい開かれた政治、大衆にわかりやすく、大衆の立場に立った政治、権力の維持よりも大衆の平和で、しあわせな毎日を考える政治——それを初心を忘れずに貫徹してほしい。新総裁は、その可能性を持つ有資格者だといってよい」

これこそ本当の○で、これはまさに、週刊読売が記す「人間角栄」ゾッコン記者の記事といえるが、ここまでリアリズムを失うと、もう始末に負えなくなる。

第一、他人を蹴落として立身出世街道をバク進し、総裁選挙に今、最高の買収費を投じて競争者に勝った人間に、他人の「苦しみと願いを察して」くれという人がいること、密室の買収が今終わった人間に、「明るい開かれた政治」を期待し、「初心を忘れずに貫徹してほしい」というのは、少々不思議である。

「われわれは、ようやく『角さんと呼ばれたい』などといわなくてもすむリーダーを迎えた。そこに佐藤政治の体質とは異質の政治を築く宿命を感じさせる。願わくば、田中総裁登場のチャンスに、政治を国民の手にしっかりと取り戻したいものである」

これはもう、田中氏を媒体《ばいたい》とする新聞の自己催眠とでもいう以外にない。

このとき政治記者はすでに、後に立花隆氏が記した金脈の実体をほとんど知っていたのだ——と記者自身が言ったといわれるから事実であろう——とすると、以上の朝・毎・読の記事はなんとしても不思議である。

意識的に〝世論操作〟で国民をだまそうとしたのなら、それはそれでその「大本営（注：

日本軍の最高司令部）」的責任を徹底的に糾弾《きゅうだん》するという方法もあり得るであろうが、以上の三つを分析するとそうとは思えず、皆なんらかの形で、一種の集団催眠にかかり、三者それぞれの特徴を示しつつも、自ら創作したフィクションに酔っているのであろう。

その酩酊度《めいていど》は○×式のオール○の数の増加とともに増え、これが「角さん大いに語る」や「記者座談会」になるともっとひどく出てくる。その一つ一つを○×式で抽出していくと、これまた全部が○になっていき、朝日（一九七二年七月六日）「今日の問題」の「角さんと野党」ともなると、なんとなく「野党は角さんを見習え」とでも言っているような、きわめて珍しい現象さえ出てくるのである。

そしてここまで来て、私は空想するのである。ここに何かまったく別の新聞があって、それが「金脈記事」か「コーチャンの回想」かを、最小限の注記・解説は付しても、本質的には一つのニュースとして「ただそれだけを提供する」という形で、黙って提出したら、どうなるであろうか。

一瞬にして人びとは「我に返り」「自己催眠から醒《さ》め」、以上の記事の一切を消し去ってしまうであろうと——新聞とは何か。そう問われたら私は答えたい、「それをやったものだけが新聞であり、他は新聞とはいえない」と。

出版であれ、新聞であれ、すべてが常にうまくいくとはいえまい。失敗があって当然である。だが、やはりわれわれは、過去の失敗を踏まえて新しい方法を模索すべきであろう。その点で私は、「コーチャンの回想」は、実にすばらしいスクープであったと思う。

と同時に、「三木おろし」の中にも、田中氏登場時の裏の「金脈・コーチャンの回想」的な面、今は「抽象的総括的解説」でしか出ていない一面が必ずあると思う。それをそのままニュースの形で提供し、それだけによって社会を沈静させ、新しい方向づけの示唆《しさ》を提供する新聞があったら、その新聞に私は無条件で脱帽する。

単純な正義感と「安物の論理」はもうたくさん

ミスター天声人語の一周忌

「最近新聞紙学」（注：本書に収録されている「文藝春秋」のシリーズタイトル）を連載中、絶えず念頭にあった人について語りたいと思う。

それは「天声人語」の故深代惇郎《ふかしろじゅんろう》氏である。私は活字文化と影像文化の画面から考えて、内心、氏の行き方こそ、将来の日本の新聞の行き方を予表していると思っていただけに、あまりにも思いがけないその訃報《ふほう》（注：一九七五年一二月、急性骨髄性白血病で四六歳で逝去）には、ただただ驚くだけで、声も出なかった。

早いものでその驚きからすでに一年たつ。といっても、深代さんと私との〝つきあい〟は決して長くない。否、きわめて短期間であった。それでいて十年の知己《ちき》のような気がして、氏のことは生涯忘れ得ない。

深代さんが亡くなられた直後、何かの取材に朝日の記者が来られた。なんの取材だったたかそれは忘れたが、当然に、深代さんのことが話題になった。そのとき私は実に変なことを言った——というより平生思っていたことが、なにかの拍子に説明抜きでツルリと口から出たのである——「深代さんは、どんな間違ったことを言ってもいい人だった」と。

相手はけげんな顔をした。無理もない。これではまるで「深代さんは間違ったことばかり言っていたが、ありゃマアあれでいいんだ」といったような意味になってしまう。

私は慌《あわ》ててこの言葉の真意を説明しようとし、確か「深代さんは正しくないことを言っても善い、ほかの人は正しいことを言っても悪い」ととられそうなことをいい、さらに慌てて二、三回「言いかえ」をした上で、しどろもどろで説明をやめてしまった。それが一年後の今でも、なんとなくしこりになって残っている。

ニーバーの告白

私の言おうとしたことを、例をあげて説明しよう。次に引用したのは「天声人語」（一九七四年一一月二〇日）の一部である。

＊

朝日新聞社は、毎月、およそ五千通の投書を読者からいただく。最近、一番多いのは、いうまでもなく田中首相の金脈問題だ。しかしこの問題できわ立った特徴は、匿名をふくめ、国税庁や税務署ではたらいている人からの投書が一通も見当たらないことである。

職業上知り得た秘密を法を犯しても投書してほしい——などと言うつもりはない。ただ毎日、税についての仕事をしている人ならこの問題について市民として大いに意見があろうかと思うのに、一通もないのがまことに奇異に思えるのである。

そういう感想をもっていたとき、たまたま東海地区の税務署員から本欄あてに投書をいただいた。税務署とはどれほど不自由な職場かを、訴えたものだった。公務員は中立であるべきだから選挙にも棄権した方がよい、と暗に、間接的に強いられているという信じられないような話も書いてある。「私どもの職場で文春事件を口にする者はいません。実は一人いますが、彼に寄りつく者がいないのです」ともいっている。まるで『女工哀史』ならぬ「税吏《ぜいり》哀史」のような話である。「誇張《こちょう》ではないか」と二、三の消息通にこの話を紹介したら、同じような実例をいくつも話してくれた。今の日本に、本当にそういう職場があるのかも知れない。(後略)

＊

これに対して次のように言うことはできる。「『職業上知り得た秘密を法を犯しても投書してほしい——などと言うつもりはない』とは何事か！　これはまちがっている。なぜ、内部告発をせよとはっきり言わないのか。そういう生ぬるいことだから金脈などがはびこるのだ」と。

内部告発をすすめた新聞もあったし、〝内部告発受付所〟というべきものを設置しましたと雑誌に書いた参議院議員もいた。それが〝正義〟なら、そういうことを「言うつもりはない」と書いた深代さんは正しくない、正しくないと言われれば、その言葉は確かに〝正義〟だから反論はできない。

反論ができないなら深代さんは間違っているはずである。安物のなんとかの論理はそう決めつけるであろう。それに対して言える言葉があるとすれば、たとえ「深代さんが間違っていても、深代さんはどんな間違ったことを言ってもいい人だから、それでいいのだ」だけであり、それ以上の反論は不可能である。私が言ったことは、以上のような意味である。

ではなぜ、そんなことが言えるのか？　それでは依怙《えこ》贔屓《ひいき》ではないか。否、そうではない。氏の書かれたものを読めば誰にでもなんとなくわかることは、人間の内部における「正義と憎悪」との不思議な関係を、氏が知っておられたということであろう。

私の記憶に誤りがなければ、深代さんはラインホールド・ニーバーを引用されたことがある。そのとき私は、今度お目にかかる機会があったら、氏の「ニーバー論」を聞きたいと思っていたので、このことを憶《おぼ》えていた。

ニーバーは神学者、ユニオン神学校の教授だが、アメリカに対して特にベトナム戦争に対して、最も激烈な告発をしつづけた人である。だが、その彼が自らノートに書き記していたことは、自分に正義の告発をさせる衝動が、力が、実は憎悪であったという告白である。

相手に愛を感じているとき、その人に対して告発はできない、妥協なき峻厳《しゅんげん》な正義の告発の言葉をその人に向かって吐けない、仮借《かしゃく》なき正義の言葉を吐けるのは、実は、自分がその相手を憎んでいるときなのだ。「愛をもって真実（義）を語る」とは、どんなにできがたいことか、と。

「正義」の味方は「悪」だ

神学者ニーバーのこの告白は不思議ではない。彼の頭の中にあるものは旧約聖書の最も古い記述の中のサタンの像なのである。

これは人間が普遍的な「正義」というものをはじめて考えたとき、その普遍（正義）と個人（憎悪）との関係において、最初につきあたった問題であり、最後までつきまとう問題である。

サタンは通常「悪魔」と訳されるが、旧約聖書の基本的な性格づけは、いわゆる〝悪魔〟とは違って「地上の人間に神の義と権利を尊重させる役目をもつ検事のような務めを天上の法廷で果す者」（レオン・デュフール——注：一九一二年にパリで生まれたイエズス会士にして聖書学者）とされている。いわば絶対的な正義の傍《かたわ》らにあって、その正義の法廷で人の悪を告発する「正義の味方」の人格的表現とされ、同時にその人格の基本的性格は「憎悪」であり、それが「悪」であって、それがまた異常な衝動と力を発揮する「魔」になるわけである。

古代人にこのことがはっきり見えたのは、彼らの世界は単純簡明で、複雑な手続きによるゴマカシが存在しなかったため、「普遍的な正義」の主張と、それを主張させる「個人の暗い衝動」との関係が、今よりもはっきりと見えたからであろう。そしてこれは「正義は汚れた下穿《したば》き（注：腰から下につける肌着）」という旧約聖書の発想にも通じている。

そして正義の名のもとにアメリカを告発しつづけた神学者ニーバーに、常に、このことが念頭にあったのは不思議でない。だがこの、「正義と憎悪」が人間という一人格の中で分かちがたく結合している、「正義の味方とは実は悪《サタン》だ」という古代人さえ持っていた発想が、正義の味方鉄腕アトムと○×式教育で育った世代には、おおよそ通じないものらしい。

新聞を読むと、それを書いている記者に、この発想が皆無だとしか思えない場合があまりに多い。人間は必ずしも、時代とともに進化するものではないらしい。しかし少なくとも、一定の年齢に達し、さまざまな社会経験をつみ、かつ内省の能力のある普通の常識人なら、たとえ聖書もニーバーも読まなくとも、また明確にこの関係を説明することはなくとも、心のどこかで「義と悪」の一人格内での不思議な癒着を知らない者はいない。

私が「深代さんは正しくないことを言っても善い。ほかの人は正しいことを言っても悪い」ととられそうな言葉を口にしたのは、上記の関係への説明を抜きにして、いきなり結論を言ったからだが、それでも一定年齢以上の人なら「バカなことを言う」と一笑に付さないのは、なんとなくこの関係を体得している証拠であろう。

憎悪という衝撃力で正義を投げつけたとて、人はそれに驚くだけで、その正義に動かされることはない。そして動かされないことを知ると、人間はまことに幼稚なトリックしか考えない。すなわち、これでもかこれでもかと活字を大きくし、これでもかこれでもかと衝撃的・刺激的な大げさな見出しを考え、それにも自信がなくなると影像的伝達に、それでもだめだと、これだけ苦労しましたという楽屋話・自慢話まで披露する。

だがそれをすればするほど読者は離れ、しまいには「またか……」とうんざりして来る。結局「大きいことはいいことだ」「大声を出せば人は聞く」「罵詈讒謗《ばりざんぼう》と呼び捨てをやれば糾弾《きゅうだん》になる」式の発想しかなくなってしまう。

そのとき活字的伝達はすでに敗北しているのである――そこで静かに深代さんの「天声人語」を読まれればよい。そしてなぜ氏の「天声人語」の静かな声があれほど人びとに愛されたか、その秘密を探されればよい。

編集者の目でこれを読めば、誰でも気づくことがあるはずだ。氏がどのように辛辣《しんらつ》なことを書いても、氏にそれを書かしているのが憎悪でも蔑視《べっし》でも――この二つは無関係ではない

――ないことを。一言にしていえば氏は「汚れた下穿き」に絶対にふれていないことを。そして、その言葉だけが本当に永続的な説得力を持ち得ることを。

「朝日くささ」のない人

ロッキード事件が始まったとき、氏はすでにこの世におられなかった。私は、さまざまな記事を読むたびに、深代さんならどう書いたであろうか、と想像していた。というのは、氏がなくなられた直後に、「田中復活は既定の事実」のごとくに報じられ、なぜ新聞の論説はかくも影響力を持続し得ず消えていくのか、あの金脈記事がなぜすでに無力なのか、今もし、なにも言わなくとも思わず当時のことが回想され、田中復活は御免だと人びとに思わせる文章があれば、それはどれであろうかと探してみたからである。

しかしどれもこれもみな、「過ぎ去った芝居の宣伝ビラ」のごとくに、もはや無力であった。ただ一つ、これは別だと感じたのが、深代さんの次の文章であった。

＊

人間と情報の交流が盛んな現代では「元首の来訪は一種の祭りである」と、自民党の宮沢喜一代護士が「朝日ジャーナル」誌に書いている。

その「フォード・フェスティバル」（注：アメリカのフォード大統領の日本訪問）は、きょうで閉幕した。大統領の離日を待ち切れぬように、田中首相辞任へのスケジュールが活発に動きはじめた。フォード大統領の滞在中は「政治休戦」のはずだったが、田中内閣はその五日間でさえやっと持ちこたえたという感じである。首相の辞任決定に、何はともあれホッとした。

「あの土地は何坪で、坪当たり何千円でございます」「ユウレイ会社といっても違法ではございません」といった総理答弁をこれから毎日聞かされるのは、正直いってやりきれない思いだった。――（注：一九七四年一一月二三日、朝日新聞「天声人語」）

＊

深代さんはここで「正義の代行人」として田中前首相を糾弾しているわけではない。だがこれを読むと、「やりきれない」「ありゃもうたくさんだ」「彼が辞めてホッとした」という気が、誰でも、それを読むたびに甦《よみがえ》ってくる。そしてこの甦ってくる言葉だけが、その言葉が発せられたときにも、人びとを動かし得るのである。

深代さんの「ニーバー論」を聞く機会は、ついに永久に来なかった。したがって、氏が何をどのように摂取されてその「文」を書き得る「人」となられたのか、私にはわからない。

先日「朝日」の人が「深代さんは本当に〝朝日臭〟のない人でした」と私に言った。そう、〝朝日臭〟だけでなく、〝新聞屋臭〟もなかった。〝臭〟とは「正義に汚染《おせん》されて」鮮度が落ちた証拠であり、そしてその〝臭〟がないという点こそ氏が持っておられた資質であり、これが今の新聞に最も欠けた点だということ、それは言えるであろう。

考えれば考えるほど、惜《お》しい人が世を去られた。しかしたとえ氏が去られても、日本の新聞の活路は、氏が示した方向にしかないと、私は思っている。というのは、これこそ活字的伝達の正道だからである。

最後に氏の言葉を引用させていただき、それをそのまま新聞に差しあげよう。

「日本の教育は、『精神』に泥酔《でいすい》し、『言葉』に踊り狂う人間たちを作った」

これは戦前への批判、氏はそれを自滅の一因とされたが、新聞がそうなれば、行く道はやはり同じはずである。

第2章　透けて見える問題な日本的発想

「風派」新聞ととられても

ある「天声人語」の言葉

われわれはどうも、天性の愛国者、否「愛日本者」らしい。

国内では新聞を批判していても、外国で日本の新聞を批判されると、反射的にこれを弁護している自分に気づくからである。気づいて少々苦笑をする。苦笑しつつまた同じことをする。そして、なぜであろうかと考える。

天性の愛国者？　否《いな》、それだけではあるまい。彼らの批判は新聞に向けられているようでいて、実は、少なくとも結果的には新聞と読者が共有する基本的発想とその発想の基盤である「図式」に向けられており、その発想を自分も共有しているがゆえに、反射的に弁護しているのであろう。とすると、その日本的発想を愛護しているという意味で、愛日本者なのかもしれない。

だが弁護とは、形を変えた批判であり、時には最も痛烈な批判であることは否定できない。この例はしばしば戦犯の弁護にあらわれてくるが、ある被告を弁護することは逆に、その被告が属した当時の日本の指導者への徹底的な批判にならざるを得ないのと同じように、ある新聞のある記事への批判に対する弁護は、時としては、日本の新聞とそれが持つ発想への徹底的な批判とならざるを得ないからである。

そこで、相手の批判と、弁護という名の批判とを後で振り返ってみると、そこに「新聞に見える日本的発想」の問題点が明確に、また立体的に浮かびあがっている場合が少なくない。ではそれが一体どんなもので、どんな問題点を持ち、現代および将来の日本にどのような結果をもたらすか、これを、新聞を通じて模索することが、本稿の目的である。

一九七七年末、サダト（注：エジプトの大統領）のイスラエル訪問の直後にエルサレムに行った。ちょうどアメリカのバンス国務長官の訪問と同じ時期で、現地にはなにやら、興奮未だ醒《さ》めずという一面があった。ヘブル大学（注：イスラエルの国立ヘブライ大学）の日本学者とさまざまな問題を討議したが、その人たちのほとんどすべてが、なんらかの点で問題にしたのが、日本の新聞である。

特に彼らが不思議がったのが「サダトがイスラエルへ手を差しのべたのだから、今度はイスラエルがＰＬＯ（注：パレスチナ解放機構）に手を差しのべる番だ」といった意味の、十一月二十日の朝日「天声人語」の言葉である。

この発想が彼らには理解できない。否、彼らだけでなく、おそらくサダトにも他のアラブ人にも理解できない。というのはサダトのエルサレム訪問は、PLOにとっては許すべからざる裏切りである。

それは後にキプロスにおける彼の腹心への暗殺となって現実化したが、もしベギン（注：イスラエルの首相）が、サダトがエルサレムを去った直後にPLOに手を差しのべたら、どういうことになるであろうか。

これはサダトへの背信であり、最も痛烈な裏切りであり、これによってサダト自身が宙に浮いて失脚するであろう。と同時に、イスラエルは絶対に信頼できない相手だということになり、第二、第三のサダトが出現する可能性はゼロになる。

これは誰が見ても明らかなことだから、ベギンが手を差しのべてもPLOは乗ってくるはずはない。それによって、彼らはサダトを蹴落とし、同時にイスラエルは絶対に信用できないという印象を徹底化し、この情勢を逆用してイスラエルへの攻撃を強めるであろう。といったことは中東ではごく当然の発想であり、中東全体がそういう世界に生きている。したがって「天声人語」のような発想はあり得ないし、同時に、なぜこういう発想が可能なのか、彼らにはそれが理解できない。

もう一度言うが、これはおそらくアラブ人にも理解できない発想である。だがこの「天声人語」の言葉に抵抗を感じ、一種異様と受けとった日本人はいないであろう。

ヘブル大学教授の新聞批判

問題はおそらく、ここにある。「天声人語」の背後には、この筆者をも拘束《こうそく》している一つの図式があり、この図式にあてはめる限り、前述の言葉は少しも不自然ではないはずである。しかしその図式は中東とは無関係に、日本の新聞と読者の間で、なんらかの方式で醸成《じょうせい》されてしまった図式に基づく発想だから、現実の中東とは関係がない。そこで彼らは、なぜそういう言葉が出てくるかが理解できない。

もっとも対象を把握するには一定の図式が必要であり、これなしには把握は不可能であるが、しかし同時に、この図式を意識的に再把握しないと、逆にそれに拘束され、無意識のうちにすべてをそれにあてはめることによって、逆に何も理解し得ないし、理解させることも不可能になる、という状態を現出することも否定できない。問題はそこにある。だが、もう少し実例を検討してみよう。

ヘブル大学のエプスタイン教授と話をしているときであった。氏は音楽学の教授、雅楽の研究家として有名で、「エプさん」の愛称で日本人にも知己は多いが、新聞記事の内容などという俗世間の出来事にはほとんど関心のない人である。

氏が指摘した日本の雅楽の特徴には、角田《つのだ》忠信《ただのぶ》氏（注：医学者）の『日本人の脳』に関連する問題も含まれており——もっとも両者は無関係に研究を進めているはずだが——たいへんに興味深かったが、これは他日に譲《ゆず》るとして、ここで紹介したいのは、氏が不知不識《しらずしらず》のうちに嘆声とともにもらした日本の新聞への批判、というよりむしろ質問である。

氏はヨムキップル戦争（第四次中東戦争）のとき日本にいた。戦争となれば誰でも故国のことが心配になる。そこでありとあらゆる新聞を集め、目を皿のようにして読んだ。だがいくら読んでも何もわからず、その実態・実情がどうしても把握できない。把握できないからますます心配になる。

どうしたらいいだろうかと途方にくれているとき、ふとＶＯＡ（注：ボイス・オブ・アメリカ。アメリカ政府の海外向け放送）を聞いたら何かがわかるのではないかと思った。そこでＶＯＡを聞く。

「不思議ですねえ、一瞬にしてすべてがわかりました。ほっとしました。そしてその後の事態はＶＯＡの言ったとおりに展開していきましたが……日本の新聞はなぜ、あんなに一生懸命に読んでも、何もわからないのですか」。これが氏の質問である。

氏はもちろん評論家ではないし、新聞批判などに興味はない。いわば非政治的人間だが、事態が事態なので「新聞とは所詮《しょせん》そんなものさ」と割り引かないで読んだわけだから、本当に困ったのであろう。ということは、そういう人が本気で、まじめに真剣に読むと、日本の新聞では「何もわからない」ということなのである。

氏の場合は語学力の問題ではない。なにしろ日本人より日本語はうまく、書斎に並んでいる本は全部が日本語の本だといって過言でなく、それも専門書である。ずらりと並ぶ岩波の日本思想大系と日本古典文学大系の背を眺め、「祝詞《のりと》」「催馬楽《さいばら》」「連歌集《れんがしゅう》」「狂言集《きょうげんしゅう》」「浄瑠璃集《じょうるりしゅう》」といった背文字を追って少々劣等感を覚え、「これを全部お読みですか」といった愚問を発する状態になったのが実情である。

いくら読んでもわからない

帰国後に改めて調べなおしてみると、第四次中東戦争の記事は確かにわかりにくい。いや、すべてが終わって、その図式が明確にわかっている現在でさえ、何もわからないといったほうがよい。

ただわれわれの場合は、現地になじみがなく、いわば「土地カン」がないからわからないのだ、という逃げ道もあり得る。

聞きなれない地名がずらずらと出てきては、それがどういう関係位置にあるかを一瞬にしてつかむことは、はなはだむずかしい。これは外国人でも同じで、相当に日本に詳しいようなことを言う人でも、ヒロシマとナガサキのどちらが東京に近いかを知らない人も珍しくない。まして青森、鹿児島、京都、長野などといわれても、それがどういう関係位置にあるかわからないのが普通である。

だがエプスタイン教授はそうではない。日本人には日本が頭に入っているのが当然なように、彼にはイスラエルとその周辺が頭に入っているのが当然なのである。

その人が読んでわからない記事が、われわれにわかるわけがない。したがって「天声人語」氏にもこれらの記事がわからなくて当然である。そしてわからない問題に対して何かを提案すれば、提案されたほうがわけがわからなくなってこれまた当然だが、しかし、いずれの人間であれ世界中のことがすべてわかるというわけにはいかない。

したがって、わからないことは何も恥《はじ》ではないし、わからないことはわからないで一向に差し支えないのだが、わからないはずの記事が、何かの共通の図式に入れられると、わかったような錯覚を招来することが問題である。

その錯覚に基づいて前記のような論評が出る。すると日本人だけは違和感なくこれを受け入れてしまう。と同時に「天声人語」氏の提案は、受け入れ得た者にとっては反対・非難すべき要素は皆無《かいむ》で、それ自体としてはまことに倫理的で立派なものだから、反対し拒否する者がいれば当然に非難の対象となる。

この種の非難はしばしば投書などでお目にかかるが、だが現地の人間、すなわち中東人は、イスラエル人であれアラブ人であれ、なぜこういう発想が出てくるかが、逆にわからなくなる、という事態になるから始末が悪い。

では、対象を把握する図式とは、具体的にはどんなものなのであろうか？　エプスタイン教授は、なんらかの図式をＶＯＡから得た。その瞬間に何もかもわかった。そんなことがあり得るのであろうか。

あり得るのである。というのは、帰国してしばらくたってから、ある問題について、互いに関係ない二人の人から一種の図式を与えられ、その瞬間に今までわからなかったことに対して一応の把握ができたことがあるからである。そのとき私は、「なるほど。これがすなわちエプさんのＶＯＡだな」と思った。

それはインドシナ問題、特にベトナム・カンボジアの問題である。これに関する報道は決して少なくなく、特にカンボジアによるベトナム国境での虐殺《ぎゃくさつ》事件（注：ポル・ポト政権下でおこなわれた大虐殺）は、本多《ほんだ》勝一《かついち》記者（注：朝日新聞記者）の解説と写真で全一ページの特集記事になっている。

一応はその解説を読む。したがって事件があったことはわかる。また、その事件への倫理的糾弾《きゅうだん》も当然であり、その点では反対すべき何ものもない。だがその写真と解説から誘導される結論は、結局は、「カンボジア人とは理由もなく意味不明の虐殺をくりかえす残虐人間である」という結論しか出せないようになっている。

はたしてそうなのであろうか。少なくとも過去においては「カンボジア人とは、字義どおりに虫一匹殺さず、蚊に刺されても追うだけで、決して叩き殺すことをしない。温和そのものの仏教徒である」といわれていた。では、これが嘘《うそ》だったのであろうか。また、一瞬にしてプノンペンを空《から》にしてしまったという。

なぜであろうか？　なんの理由もなくそんなことを強行する政府があるであろうか？　あるとすればそれは異常人間の集団のはずだが、はたしてそうなのであろうか？　それともなんらかの理由で日本の新聞が故意に報道しない何かが、その背後にあり、それさえ明らかになれば、プノンペンからの強制疎開は否応《いやおう》なくそうせざるを得ない緊急事態への対処だったのであろうか？

それらが一切わからず、現象だけがデカデカと報道される。しかし、理由を伏せて現象だけを報道すれば、ＰＬＯも残虐人間の集団になってしまう。しかし、この方はそれはいわず、まさにその逆で、そういうテロを誘発するイスラエルのほうが悪いのだ、ということになる。では同じような発想をして、原因はベトナム側にあるのか、となると、ここではそういう発想は一切ないらしい。

では理由は何なのか、目を皿のようにしてもそれは書いていない。そこで、いくら読んでも、何がなにやらわからなくなるわけである。

夢にも思わなかった現実

はっきりした問題意識があったわけでないが、これもまた「いくら読んでもわからない」一例であろうと考えていたとき、日本の神道系宗教のある教団から、ヨーロッパの諸教会を紹介してくれという依頼を受けた。

日本の伝統的宗教とヨーロッパの教会との対話はたいへんに結構なことだが、私自身、そんなに先方に顔がきくわけではない。そこでカトリックのさる修道会の会長さんに御同行を願い、先方と三人で会食して、いろいろと話をする機会をつくった。

そのときはじめて、その教団が長い間ラオスで医療伝道をおこない、いちばん最後に引き揚げてきたことを知った。

「ルアンプラバンはいいところですよ。隠退したらあんなところで老後を送りたいですなあ。だが今では王様は一切の権威も権力も剝奪《はくだつ》されて、川で釣をしています」といった雑談に始まり、インドシナのさまざまな現況を話してもらったわけである。

まず驚いたのは、ラオス政府は完全にベトナム人に支配され、実質的にはラオスという国はなくなっており、ソビエト人とキューバ兵が大手を振って歩いているという話である。

「え、キューバが」私は変な声を出した。キューバ兵がアフリカの角《つの》（注：アフリカ大陸東北部の地域）にいることは知っていたが、日本と目と鼻の先のアジアの角にまで来ていようとは夢にも思わなかった。

「一時のアメリカ人以上の数でしょうね。でも評判悪いですよ。アメリカ人はドルを落としましたが、ソ連の連中は逆にすべてをラオス政府に負担させるんでね」とその人は事もなげに言った。

この教団は、絶対に政治活動をせず、政治的発言も一切しないのが鉄則で、そのゆえに最後まで残留できたのだそうだが、最終的にはやはり退去を命じられたそうである。

誰もかれも「政治づいて」いる現代では、完全に非政治的立場を厳守するのは立派な見識であろう。その点では問題なかったのだが、医療は、特に後進国では一種の人格的信頼関係を確立するから伝道の最もよい手段とされるのであろうが、このことはまた、民衆との直接的接触と信頼関係によって情報が外部にもれるから、拒否されることになるのであろう。

カンボジア事件の図式

「カンボジアという国はわかりませんね」と私が言うと、彼は「いや、何もわからないことはないですよ。なんでもホー・チ・ミン（注：ベトナム戦争を戦った建国の父）の書いたものに、ベトナムを中心として三国でインドシナ連邦をつくれといった構想があるそうで、いや少なくともカンボジア人はそう信じているので、ラオスがやられたから今度はこっちへ来ると思っているだけのことです。だからプノンペンを一気に空にしたわけです」

「ヘエー、なぜですか」

「サイゴン（注：現ホー・チ・ミン市）が落ちたとき、北ベトナム軍は一気にプノンペンに進撃するだろうという噂《うわさ》がありましてね。これは事実だったようです。そこで彼らは毛沢東の人民戦争の理論をそのまま採用して、それで対抗したわけです。

プノンペンが落ちれば、世界は、カンボジアはベトナムに征服されたと認めてしまう。しかし防ぐ能力はない。では空にしよう。そしてその人たちに人民公社をつくらせ、それを拠点にしてゲリラ戦で対抗しようというわけで、いわば初期に抗日戦や国民党軍に対してやった方法をとったわけです。

もちろん中国の援助と指導があったわけでしょう。中国としてはインドシナ三国がソビエト＝ベトナムの支配下に入ったらたいへんですからね。毛沢東の人民戦争理論を本気で実行すればああなるのが当然でしょ——彼の書いたものから判断すれば。今でも中国の援助はすごいですよ。ほとんどが海路からですが、中国はカンボジア人六百万人を丸がかえにするつもりじゃないですか。拠点として」

なるほどそう言われれば、そうである。となるとカンボジアの行き方が不可解であるかのごとくに書く日本の新聞は、少々不可解な存在である。というのは毛沢東をあれほど持ちあげ、その死にあたっては膨大な大特集をやりながら、現実に彼の理論を忠実に実行している国のやり方が不可解だというのはおかしい。

そのほかにもさまざまな現地事情を聞いた。それからしばらくして、長いことプノンペンにおり、その陥落とともに日本に来た外交官と会った。彼もほぼ同じような分析をしたがさらに加えて「今のカンボジア首脳はベトナムのやり方をよく知ってるわけですよ。なにしろかつての同志ですから裏の裏まで知りつくしている。それだけに、ベトナムが何を言っても『またあの手だろう、おれはだまされないぞ』といった点があるんです」と言った。

平和を提唱すればパリ協定（注：当時の西ドイツの主権回復を中心に締結された協定）の二の舞いになるだけ、相手がそれを受ければ時間をかせいだ上で攻めこんでくる前触れだと思うだけだし、ベトナムのほうから提案しても同じ手だと思うし、国境に入植すればゲリラ基地の建設だと思うといった具合で、徹底した不信感を持っているという。

カンボジアは長い間、ベトナム・タイ両国に圧迫されて領土を削りとられた。もちろんそこにはカンボジア人が住んでいる。

ベトナムはいずれ彼らで「カンボジア解放戦線」をつくり、同時に世界に向かってカンボジア暴虐政府の大宣伝をおこない、カンボジア解放戦線とカンボジア政府の闘争は、起こって当然の、この暴虐な政府に対する人民の正義の争いで一種の内乱だと世界に宣伝しつつゲリラ戦をおこない、第二のグエン・フー・ト（注：ベトナムの革命運動指導者）を擁立《ようりつ》して仮政府をつくらせた上で、機を見て大挙して侵入して来るだろう、と彼らは信じている。

「ですからね、たえず出撃してこの基地を潰《つぶ》さねば自分たちがやられる、と彼らは信じているわけです」

「でも新聞には単なる入植地と書いてありましたけど……」

「それは私も知りません。だが、ベトナムがそういっても、いや、言えば言うほど、カンボジアは信じないことは確かです」

「なるほど、それがあの事件の背景ですか」

というわけで、以上二つの話で、私は、一つの図式を与えられたことになる。この図式にあてはめれば、インドシナ情勢は「一応は」理解できる。その意味でこれは私にとってエプスタイン教授のVOAだったわけだが、問題はそれから先であろう。

同教授の場合は、自分の生まれ育った国で、現地について「肌で知っている直接的情報」を持っているから、一応の図式があれば、あとは個々の情報をそれにあてはめつつ、自ら取捨選択をおこなって、正確な全体像をつかみ得る。

したがって、それで予想したとおりに事態は展開していったということになるのであろうが、私にとってインドシナ半島はそういう土地ではない。そこで、「一応の」図式を与えられても、それが正しいか否かを判定する能力はない。では、この種の図式は意味がないのであるか？

新聞と読者の間の暗黙の合意

そうではない。むしろ逆であり、私が「それは与えられたものだ」と知っているがゆえに、逆に、いつでもそれを修正できるし、さらに別な図式を提示された場合、それによって変更も修正もできるわけである。このことを簡単に要約すれば次の順序になるであろう。

（一）一応の図式という仮定により、（二）断片的諸情報を整理して、（三）対象を把握するが、（四）図式は常に仮定として意識し、（五）いつでも修正できる状態にしておく。

これが報道により対象を把握するということと思うが、日本の新聞の行き方はむしろこれが逆になっているわけである。

すなわち（一）の図式は、おそらく報道する側は持っているのであろうが――持っていない場合もあると思うが――、これを伏せておき、（二）の断片的諸情報を次々に報道して積み重ねていく。伏せている（一）に基づき、一定の方針で諸情報を読者の内心に積み重ねていくと、いつしか読者の中に、自覚せざる（一）ができあがり、これが新聞側が伏せている（一）と一致してしまう。

この無自覚に形成された図式は、新聞と読者の間に暗黙の合意を形成し、それに適合するようすべての情報が操作されると、読者は、その図式が、誰かに与えられた仮説としての「一応の図式」だと意識できない。否、そういう図式で対象を見ているのだという自覚すら持ち得なくなる。となると、これが絶対化し、それ以外の図式を受けつけ得なくなる。

その絶対化された図式に基づいて、最初に述べた「新聞と読者が共有する基本的発想」ができあがり、これが「日本的発想」となって、外部から見ると、特に報道の対象とされている現地から見ると、最初に述べたような、その現地の常識ではとうてい考えられないような、奇妙な提案がとびだしてくるわけである。

一方、その基本的発想を共有している日本国内では、誰一人としてそれを奇妙とは思わないという事態になってしまう。

これだけでも相当に困った問題だが、さらに困る問題は、この「共通の基本的発想」の醸成される過程に、倫理的判断が入ってくることである。

言うまでもないが、ある種の図式で対象をつかむということは、その図式の中でおこなわれている非倫理的な行為の正当化を意味しない。たとえば、前記のような図式でインドシナ問題を把握することは、現実に起こり、新聞がソンミ（注：一九六八年に起きたアメリカ軍人によるソンミ村虐殺事件）以上と評した残虐事件を正当化はしない。

これはいずれの場合でも同じことだが、日本の新聞のように、一応の図式を提供せずに、個々の報道の集積から無意識の図式を読者の内心に醸成すると、別の図式で対象を見ることが、残虐事件を正当化する非倫理的見方になり、したがって、他の見方をすることが不可能にされてしまうのである。

たとえば、前記のような報道の積み重ねから、カンボジア人はまったく理由なしに人を惨殺する残虐人間であるという図式が醸成されたと仮定しよう。その際、それはそうではない、前記のような図式でこの事態を把握すべきだといえば、「では、おまえはこの残虐事件を容認するのか」という非難が返ってくるだけになる。

というのは、仮定としての「一応の」図式で対象を把握した上で個々の事件に判断を下すのではなく、個々の事件への倫理的判断から意識せざる図式が内心で絶対化されて確立し、それの否定は、個々の事件への倫理的判断への否定となってしまうからである。

そうなってしまうと、以上のように、仮定としての「一応」の図式でまず全体を把握してみるということが、文字どおり不可能になってしまい、醸成された見方とそれに基づく発想、その発想に基づく断定的判断で対象を把握せざるを得なくなり、一方、それと違う図式を持つものは、沈黙せざるを得なくなるわけである。となると、全新聞・全国民は同一の見方、同一の発想、同一の判断しかできなくなって不思議ではない。

「中国報道史」に見る絶対化・変転・逆転

ところが世界は、この「発想」どおりには動いてくれない。もちろん、その（一）の図式が仮定であることを知っている者には、これは当然のことだが、それを意識して把握しないで、不知不識のうちに絶対化している者には、「唯今《ただいま》からいままでの図式とは別の、別の見方による事態の把握をお話しする」というわけにはいかなくなる。

そこで（一）その新事実を報道しないか、（二）一部を伏せて図式に合うように報道するか、（三）新しい変化をまた図式化なしで報道するか以外に方法がなくなる。

そこでだいたい報道は以上の（一）（二）（三）の経過をたどり、結局またそれによって、新しい図式を読者の内心に醸成していくという形になる。これが可能なのは、過去においても、一つの図式を図式として提供したわけではないから、改めてそれを拒否する必要がなく、すべてをうやむやにしておけるからであろう。

そしてここに問題が出てくるとすれば、それは、倫理的判断の逆転という問題である。それは昨日まで絶対的正義の権化《ごんげ》のように報道していたものを、今日は諸悪の根源のごとくに報ずるという形にならざるを得ないはずである。

それがだいたい日本の新聞報道のパターンだと思うが、ではその底にある彼らの対象への「認識の仕方」は、どうなっているのであろうか。これを探る絶好の資料はおそらく「中国報道史」である。というのはまずその量であり、次にその図式の絶対化であり、第三にその変転の型であり、第四が倫理的評価の逆転であって、そのすべてがここにあらわれているからである。

先般、中国で「風派」への批判が起こった。その批判を読んでいると、日本の新聞の中国報道はだいたい「風派機関紙」と見てよいのではないかと思う。

次に「明報」の『風派』人物の軟骨的政治投機」という記事を、林景明氏の訳で掲載させていただこう。文中の「風派」という文字を「日本の新聞」と読みかえて読むと、たいへんにおもしろい。

絶妙な風派人物評

「風派」人物の軟骨的政治投機

先日の「人民日報」は「解放軍報」の論文「風派」人物の分析を転載し、次のように政治的投機分子をきびしく批判した。

風派の主な特徴は、風の方向を見て舵《かじ》を取り、巧《たく》みに投機し、平素は公正不偏のポーズを取り、いったん台風が吹きあれ修正主義が猖獗《しょうけつ》し、路線闘争が激しくなるとベールをぬいで虎の威を借りる。これらの人物は政治的品行が劣り悪党体系に陥《おちい》るとは限らないが、思想的にはマルクス・レーニン主義に違反し、人数は多くないとはいえ、もたらす政治的作用は非常に悪い。要するに風派の表現は以下のとおりである。

一、垣根の草の如《ごと》く風に従ってなびき、変幻自在、朝は秦《しん》に仕《つか》え夕は楚《そ》（注：「秦」も「楚」も中国の戦国時代の国号）に仕える。その形象は「ベアリング入りの首にスプリングの腰、頭には風見鶏《かざみどり》をつけている」。ベアリング入りの首は「左」にも「右」にもよくまわり、スプリングの腰はひざを曲げ身を卑《いや》しくし、風見鶏は「政治気候」の観測に不可欠である。風が吹くと垣根の草は右にも左にもなびく。こちらにゆれてくるのは本心ではなく、あちらにゆれていくのが本心である。

二、大転換、大変調、旗を変えていささかも恥《は》じない。これらの人々は魔術師の如く、赤橙黄緑青藍紫と色を変え、陰晴雨雪風雷電に対して変幻自在に対応する。つい先刻までこそこそと「上海組」（注：当時の北京――政権中央の非毛沢東的傾向――に批判的であった上海のグループ）の悪口を言っていたのが、「四人組」（注：中国の文化大革命を主導した江青《こうせい》などの四人）の天下になったと見るや、百八十度の大転換をして、必死になって彼らに追随して「謡《よう》言《げん》」（注：無責任な風説）のもとを追及し、「打倒走資派」とか「おいぼれをつるしあげよ」とか、わめき出す。

彼らの上着には左右二つのポケットがあり、それぞれに別の資料を入れて、風向きに応じて必要なほうを出す。彼らはペンも二本持っている。一本はいわゆる「反潮流戦士」の「角」と「刺」をほめたたえ、一本は「わなにかかりだまされた」と自己批判して関所を通過する。

昔の人も「冷たいのがきたら氷の上に寝て、熱いのがきたらカマドの上に座る」と歌っている。これはまさに右にも左にもつき、突然冷たくなったり熱くなったりする風派人物の絶妙な描写である。

三、権力に媚《こ》びを売り裏切りを辞さない。風派人物が一旦方向転換するや、必ず以下のことをしなければならないようである。

（一）「感恩」――「首長の愛顧」に感謝、「無比の幸福」と「最大の促進」をたたえることである。

（二）「勧降」――自分が投降するだけでなく、他人をも水底に引きずりこむ。「大勢の赴《おもむ》く所、むだに抵抗するな」「俺の話を聞けよ」「時勢を見極《みきわ》めよ」とか、まったく政治ブローカーにそっくりである。

（三）「裏切りの一撃」—風派の秘訣は「猛記、緊跟《きんこん》、狼掲」の六文字である。かれらは常に幹部の言行を記憶し、緊《かた》く追随し、風向きが変わると狼のように無情に仲間の罪悪を掲《あば》き、自己保身を図る。彼らにはいささかの良心もなく、正邪を顛倒《てんとう》し、断章取義で根も葉もないことを並べ立て同志を陥《おとしい》れることを辞さない。

権力にへつらう習慣

この文章は、風派人物にはこの外にさらに若干の特徴があると続けている。

その①は「ずる賢《がしこ》い」こと。これらの人々は権勢ある官位を非常にほしがり、鍋の中のアリのように忙しくかけまわる。寝てもさめても忘れないのは「強い風の力を借りて青雲に乗る」ことであり、風向きにしたがって大官の帽子を求め、野心が大きくなって「与えられた帽子が小さすぎる」との不満のために、手錠をかけられる身となることもある。

その②は「気骨がない」こと。路線闘争の中でこの人々は私心が強く、「カルシウム」が欠乏し、腰をまっすぐ伸ばせないほど骨が軟かく、右にも左にもちょっと引っぱられただけでついていき、圧力にたえられず、誘惑に抵抗できず、ちょっとおどかされただけで投降し、保身のために革命の気骨を喪失している。

その③は「嗅覚の鋭さ」。彼らの鼻は一般の人にはない嗅覚が発達し、いかなる政治気候もすぐかぎわける。足は四方を走り、腕は八方に伸び、徒党を組み、消息を探るのは、すべて風向きを間違えずにポーズを変えるためである。この人たちは口が達者で、黒を白と言い、やくざを聖人と称し、狼を羊と強弁し、嘘をつき権力にへつらう習慣ができている。

この文章は最後に次のようにしめくくっている。

風派人物を分析するのは、四人組の犯罪をさらに深くあばき批判し、その流した毒を粛清し同時に彼らが邪を改めて正に帰り、今後ふたたびそうしないこと、他人も彼らに学ばないことを勧めるためである。

すでに風派の過《あやま》ちを犯した者は、今度は絶対に溜派（すり抜け派）になるな、八宝山（高級幹部の墓地）に滑りこんでもだめだ。人々は必ずやこれを譴責《けんせき》する。

「風派的報道」の見本

風派的人物が中国にいようといまいと、それはわれわれにはあまり関係ない問題である。ただ、風派新聞の風派的報道というのは、どれだけ一心に読んでも対象が把握できない点が困るということは事実であり、また別のことである。

言いかえれば、「つい先刻までこそこそと『上海組』の悪口を言っていたのが、『四人組』の天下になったと見るや百八十度の大転換をして、必死になって彼らに追随して『謡言』のもとを追及し、『打倒走資派』とか『おいぼれをつるしあげよ』とか、わめき出す」という「派」が中国にあることを報道されるなら別に問題はない。しかしこのことは、報道自体が「風派」の言動のままになるということではないはずである。

もしそうなれば、「なるほど、これが日本風派新聞か」といってその紙面を眺めることはできても、その紙面を通じて中国の実体を把握することは不可能になってしまう。というのは、中国でなぜ「文革派＝四人組」と「実権派＝走資派」といった対立が起きるのか、それが将来どうなるのかといった問題を、「一応の」図式にあてはめて把握するなどということはとうていできず、聞かされるのは時には「走資派」への、また時には「四人組」への、同じ調子の罵言《ばげん》だけだからである。

ではこの風派ないしは風派的報道の基本はどこにあるのであろう。前の引用からこの点を摘記すれば、次のようになるであろう。

㈠平素は公正不偏のポーズをとり、㈡虎《とら》の威《い》を借り、㈢風になびいて変幻自在だが、㈣どうなびいても本心でなく、㈤つい先刻まで悪口を言っていた対象に必死になって追随し、㈥同時にそれに対立する者を「つるしあげよ」とわめく。また㈦二つのポケットに別々の資料を入れて風向きに応じて出し、㈧ペンを二本持ち、㈨右にも左にもついて、そのものよりも極端になる。

この風派が方向転換すると、必ず次のことをする。（一）権威者に感謝・感激して「最大の促進」をたたえ、（二）自分が土下座するだけでなく他人にも強要し、（三）権力者の言行を記憶し、ぴったりとくっついて追随し、風向が変わると仲間すなわち日本なら日本の罪悪をあばき、それで自己保身を図る、といった点である。

三ズ主義的報道

読者が判断を下せない記事

「スト権スト」（注：一九七五年に公労協がおこなった国鉄のストライキ。当時、公務員であるためスト権がなかったが、「国鉄職員にもスト権を」と訴えて実行された。なお国鉄は一九八七年に分割民営化）の報道について記す。編集部（注：「文藝春秋」編集部）で、今回のストに関する新聞報道を集めてもらったが、まずその膨大なことに一驚した。そしてこの膨大な記事を読んで、戦争中の報道の一面を思い起こして、また一驚した。

十年後、否、五年後にこの全記事を資料として再読したら、戦争中の新聞同様、おそらく、何がなにやらさっぱりわからないであろう。というのは、スト終了後約十日目の現在、各紙別に系統的に全紙の報道を読みついでいっても、結局、この時点ですでに「ストの実体」はつかめないからである。

なぜそうなるのか。その理由は編集方針の底意が「労組を怒らさズ」「通勤者を怒らさズ」「政府を怒らさズ（解散させズ？）」の三ズ主義で、それが紙面の中で一種のバランスをとっており、焦点がなくなっているからである。となるとここで、「新聞報道とは一体何なのか」と、改めて考えこまざるを得なくなる。

図書であれ、定期刊行物であれ、「読書百遍、意自ずから通ず」で、新聞でも、同一事件を扱った相当なスペースの長期的な記事を、徹底的に読みこむと、記者・編集者の真意――いわば本当の「意」が通じてしまう。そして「告発」が時には「拡販」と通じ、「正義の味方」が時には「自己顕示」の意味と「意」を通じてくる。

この点では、「スト権スト」に関する膨大な記事は、実に恰好《かっこう》の資料といえる。読者の皆さんも、一度、この記事を各紙ごとにスクラップして、徹底的に読みこんでごらんになるとよいと思う。

視点を変えれば、新聞のいう不偏不党とか客観的公正とかのホンネは何なのか、から、各紙の経営内容までわかるであろう。ところがわかるのはそういった面で、ストの実体は逆にわからなくなるのである。

もちろん例外はある。「朝日」（一九七五年一二月六日）の「スト権スト・ある視点」（編集委員大谷健《おおたにけん》氏）には、日本経済という枠の中でこの「スト権スト」をどう位置づけるかの貴重な示唆《しさ》があるし、「朝日」（一九七五年一一月二六日）の藤井国鉄総裁の言葉は、国鉄には責任ある経営者がいないこと――いわば末期の「大本営」的な無経営・無能力・無決断状態であることもわかる。

また国鉄の輸送のシェアが意外に低かった、という記述も、スト後半には各紙に散見している。しかしそれでいて、このストの実体が的確につかめない大きな理由は、第一に、各紙とも「国鉄とは何か」を正確に把握し、その上で報道しているのでないこと、第二に、この点を空白にしながら「三ズ主義的」報道をしているから、の二点であろう。

この点、戦争中、日本軍の実体を把握せずに「三ズ」的報道をしていたのと似ている。というのはこの「三ズ主義」的に編集された「声」は一種のバランスがとれて無性格になるため、中心の空白を激烈な表現の集積以上に隠蔽《いんぺい》する煙幕になってしまうからである。

以上の空白部分「国鉄とは何か」について私見を記せば、「国鉄とは運送屋で、運送業以外、何もしていない」ということになる。もちろん輸送は経済の大動脈であり、これがとまることは、生活権、時には生存権の侵害にもなり得る。

生存権はあらゆる権利に優先するはずである。したがって生存権とスト権との関係は、国鉄という名の運送屋が、全日本の総輸送機構の中で、どれだけの位置を占めるかによって決まる問題である。

簡単にいえば、国鉄が、国家独占資本に基づく超巨大独占企業で、これがとまれば電気がとまったと同様で、全日本がエコ・スパズム（経済的痙攣《けいれん》）を起こしてパニック状態になり、騒乱状態から国鉄職員への「魔女狩り」騒動が起こるほどのものなのか？　それともその実体は、実質的には、内航（注：国内航行の）貨物船＋大手トラック便＋私鉄で、それぞれのシェアから見れば、生存権には無関係の中小企業にすぎないのか、一体、その実体はいずれか？　という問題である。

この「企業としての実体」がつかめない以上「〝実体としての国鉄〟のスト」について、その「ストの実体」を明らかにする報道ができないのは当然だし、その実体が明らかでない以上、スト権ストの当否について、読者が判断を下せなくて当然である。したがって、今読みかえしてみると、何もつかめないという結論しか出てこない。戦争中の新聞同様、これまた当然の結果である。

誤認に気づいて

昭和二十二年（注：一九四七年）の二・一ストのとき、当時のスト指導者が「供出された米と生鮮食品を運ぶ列車はストから除外する」と声明した記憶がある。

これはおそらく、当時の国鉄の輸送シェアは実質的に百パーセントで、この特例がなければ、大都市は飢餓《きが》から「米騒動」、さらに暴動となる恐れがあったからだと思う。同時にこのことは、当時の国鉄労組には、暴動から革命への起爆力になり得る力があったものと思われる。その伝承を受けて「スト権奪還」を革命の起爆力奪還と思っている労組員もいるであろう。というのは、そういうさましい言動もあるからである。

人の意識は常に、その実体の変遷《へんせん》より遅れるものだし、「天下の国鉄」という言葉は、一面その幻想を抱かせる要因ともなり得る。一方、同じ誤認から、「スト権など与えたらたいへんだ」という意識もあって不思議ではない。

私は「スト権スト」に入る直前から一日目、二日目ぐらいまでの記事を見ると、「天下の国鉄」という虚称に基づく誤認が新聞社にもあったように思われる。そして、さまざまの「声」「識者の意見」の収録を見ると、すべての「声」と「意見」の背後にも誤認があるように思えるが、同時にこれは、新聞社が、自己の誤認と相いれぬ「声」は排除したとも受けとれる。

これがストの後半になると、新聞社自身がやっと、国鉄への自己の誤認に気づいたらしい記事が散見してくる。私にはまずこれが不思議なのである。

国鉄当局にも国労・勤労にも記者クラブというのがあり、これらにまじめで優秀な記者が絶えず常駐して、朝から晩まで国鉄や国労・勤労について徹底的に調べているはずであり、また運輸省（注：二〇〇一年に国土交通省に統合）にも記者クラブがあるそうだから、この三方向で毎日調べていれば、否応なしに実体がわかるはずだと思うのだが――これは私の誤解なのであろうか。それとも何かの理由、たとえば田中金脈のときいわれたような理由で、何もわからなかったのか、わかっても書けなかったのか？

いずれであれ一応、それはそれで致し方がないとしても、この後半の時点でもよいから、新聞社がまず全調査能力を動員して、日本の総輸送機構の中で国鉄はどのような位置にあるのかを徹底的に調べ、それを国民、政府、労組員の前に明らかにすべきではなかったか、と思う。そしてスト権ストについて論評し、また「識者の意見」を求め、「巷《ちまた》の声」を収録することは、その次の段階であろうと思う。

前記の「各紙に散見する誤認に気づいたらしい断片的な記事」を五紙から収録し、それだけを資料として国鉄なるものの実体をつかもうとすれば（これは元来無理なことだから、以下の記述には当然、誤謬《ごびゅう》も偏差もある）次のような印象にならざるを得ない。

まず国鉄は、一大総合輸送商社のような形で、あらゆる貨物と人員を運んでいるが、それぞれの部門で〝専門店〟にシェアを侵食され、各部門別のシェアは意外に低いという事実である。そのためある部門たとえば生鮮食料品の輸送ではわずか二パーセントで、この部門から見た国鉄は、この部門の輸送屋としては、すでに零細企業である。またある地区の通勤者輸送ではシェア九・七パーセントで一割に満たない。

この地区の通勤者にとっては国鉄はすでに大手ではない。確かにストで最も苦しむものは通勤者と国鉄に依存する中小企業だが、しかし通勤者の場合は、「私鉄ストのほうがもっと苦しいのだ」という事実は否定できない。

また通勤者輸送では最高がシェア二七パーセントだが、ここでも、残りの七三パーセントを負担している私鉄・地下鉄等の連合ストのほうがはるかにたいへんで、それこそ大混乱であろう。

国鉄の不幸

こう考えてくると、ここで奇妙に見えてくるのは「迷惑論」「国民人質論」および「迷惑論は残念だ」といったそれに反対する投書の掲載である。もちろんストは迷惑だが私鉄ストのほうがもっと迷惑なはずである。

したがって新聞が「スト権スト」という違法ストを支持しているなら、この迷惑はあくまでも私鉄ストの迷惑との対比において取りあげて、迷惑論ははっきり否定すべきであるし、もしこの逆の立場に立って、違法なスト権ストをおこなって国民に不当な損害を与えたとするなら、その者は、処罰し、損害はすべて賠償せよと主張すべきだと思う。

しかし新聞は前述の「三ズ主義」だから、結局、「迷惑だ、迷惑だといって泣き寝入りしなさい」といっているに等しくなってしまう。だから何もわからなくなる。

一方、中小企業になると、もっとわからない。業界により非常に差があるであろう。「順法闘争・職場大会」以来の荷遅れとサービス低下は、多くのものに「国鉄離れ」を起こさせた。

スト権ストからさらに「余力を残して春闘へ」といわれると、トラック過剰と相まって、「逃げられる者は逃げろ」という雪崩《なだれ》現象を起こすと思うが、これは新聞からはわからない。以上に散見する「国鉄の実体」は、新聞が、棒グラフのような形で、昭和二十二年を百として、国鉄が、どの部門で年々どれだけのシェアを失ってきたかを明確に示してくれれば、明らかになると思う。そして、それさえあれば、現代の日本の総輸送機構の中で国鉄が占める位置と、過去からの推移も把握でき、同時に将来も予測できるであろうと思う。「国鉄は国民のものだ」というなら、われわれはそれについて「知る権利」を持っており、新聞には「知らせる義務」があるであろう。

実体が明らかにならない以上、「正しい世論」などがあるはずはなく、どんな「識者」にも、意見は言えないはずである。実体不明なため根拠なく発せられる言葉は、どのように正しそうに見えても、フィクションにすぎない。

国鉄の不幸は、おそらく、それが全部門を抑えた独占陸上輸送機関だったことであろう。昔もトラック・荷車・リヤカーがあったとはいえ、ハイウェイも自動車工業もない日本では、それらは支脈にすぎず、大動脈がとまれば共にとまる運命にあった。

だが、このタコ足のように各部門に延びた国鉄が、その部門部門でシェアを侵食されれば、全線ことごとく赤字になって不思議ではない。

鉄道は一種の装置産業（注：巨大な装置・設備が必要なため、巨額の資本投下を要する産業）だから、一定の稼働率を割れば赤字になって当然である。いわば国鉄の鉄道網が全輸送体系の中で浮き上がってしまうのである。

国鉄は六兆七千億円の借金と三兆円の赤字を抱えているが、以上の状態をそのままに放置しておくなら、国民の血税をつぎこんでも値上げをしても結局は無駄であろう。値上げはストと相まって、さらにその官僚的横柄さと不能率とサービス皆無が加わって、荷主の「国鉄ばなれ」を早めるだけで、それによるシェアの低下がまた赤字になる。

値段を上げれば黒字になると思うのは、競争者の存在も自己のシェアも意識していない証拠で、一種の〝独占ボケ〟である。現在は、内航船もトラックも積荷不足の状態なのだ――。そしてこの「違法スト↓値上げ↓シェア低下↓赤字」の循環を繰り返せば、結局は「カネをドブに捨てる」に等しい結果しか招来すまい。

そのときになって新聞が「ツケはまた国民に」などと書いて、庶民の味方らしい顔をしてくれても、始まらない。

もちろんこれは、最初におことわりしたように、「誤認に気づいたらしい断片的な記事」の集積から得た私の印象にすぎない。したがってこの推測に固執する気は毛頭ない。なにも実体がわからないから、的確な判断はできないからである。そして判断が下せないということは、なにも報道してくれないからである。

「実体」を明示するのが任務

そこで新聞にお願いしたい。いままでもしばしば「集中的大量報道」があり、時には「集中豪雨」を思わせることもあった。ところがいつもそれが、「無結論」で消えてしまう。「情報のたれ流し」などという、はなはだ品のない言葉もあるが、確かにそういう印象は強い。報道が「時々刻々」となることは致し方ないが、それで終わるのなら、テレビにまかせておけばよい。

新聞は、ある時点でそれを総括して、全体像を示し、それによって国民の誤認を一掃した上で、その正確な全体像に基づいて明確な一つの主張を掲げるべきではないか、新聞の論説とは本来そういったもの、その作業をしてはじめて「記事に責任、主張に誇り」という標語どおりになるのではないか、と私は思う。

この点、大谷健氏の「スト権スト・ある視点」は確かにおもしろく、特に電労が民間企業でありながらスト権がないという指摘は、生存権とスト権の関係で適切な指摘とも思うが、「転換した記事の内容」からみて飛躍しすぎているようにも思う。というのは、国鉄がとまることは、電気がとまるほどの大事件でないようにも思えるからである。

しかしこれは私の誤認かもしれず、実体がわからない以上、なんとも判断の仕様がない。とはいえ今回のストで、国民は、国鉄の実体をある程度肌で感じたことも否定できない。

したがって大谷氏が書かれたような論説の前に、まず、いままでの報道の総括として、国鉄の実体と、日本の総輸送機構における正確なその位置づけ、過去三十年における変遷とそれに基づく予測を示し、ついで「ある視点」も示した上で、それらに基づいて「国鉄は基本的にはかくあるべきだ」という主張を、誇りを持って、国民に明示すべきであろうと思う。

これが「主張に誇り」ということであろう。スト権の問題も、天文学的赤字の処理の問題も、すべて、それが明らかになってからの話である。実体をふまえぬ議論は、結局、フィクションにフィクションを積み重ねるにすぎず、それは最終的には誰も益しない。

「問題が複雑になればなるほど本質に戻して、存在のためにはいかにあるべきかというところから基本政策を考える」こと、これが大本営の参謀であった瀬島龍三《せじまりゅうぞう》氏が戦争で得た唯一最大の教訓だったといわれるが（「文藝春秋」一九七五年一二月号所収の「大本営の二〇〇〇日」）、少なくとも世論が決定を下す民主主義国家では、その前提として「実体を国民の前に明示」

することが必要で、それが新聞の最大の任務のはずである。

国鉄の「本質」は輸送屋であり、その「存在のためには」わが国の総輸送機構の中でそれをどう位置づけるかが「基本政策」となるはず。したがって新聞がその「本質」を明示せずに街頭の人びとの意見を収録してこれを〝世論〟とすることは、報道の基本からいえば、本末転倒であり、責任回避といえる。そして、その背後にあるのが「三ズ主義」なら、その態度は、「日本軍の実態」を一度も報道せずに「誤認」に基づく「民」の声を収録して世論とした戦争中と変わっていない。

これが戦争中の報道の一面を思い起こした理由である。

報道史的視点の欠如

なぜ成田報道を信じないか

正確な日時は忘れたが、確か「成田出なおし開港」（注：一九七八年五月二〇日）の少し前である。ある新聞社から電話があり、成田に関するその取材に答えていたところ、最後に次のような質問が来た。

「……では海外に行かれる際は成田をお使いになりますか……近くどこかへお出かけですか」「イスラエルへ行きます」「そのときは成田からですか」「もちろん……」と言い、そこで取材が終わり、電話は切れた。切れた後で私は、少々考えざるを得なくなった。

忘却は遠慮なく来る。今ではこの会話の意味が、読者にはわかりにくいであろう。だがこの問答は、安全を保障されぬ限り乗り入れは一時見合わせるとイギリスが言ったという報道があり、週刊誌には「成田を使わないで海外に行く法」が特集され、「成田は危険」の報道が洪水のようにあふれた時点である。

そこで私が成田についてある種の見解を述べても、それは利用しない第三者の意見で、自分が行くとなれば案外大阪経由で行くのではないか、と取材者が考えても不思議でない状態であった。当時はそういう「空気」だったわけである。

ちょうどその頃、日米間を絶えず往復しているアメリカの友人から「ナリタに降りても大丈夫か」という電話があった。「大丈夫ですよ。マッカーサーは丸腰で厚木に降りましたよ」と私は答えた。

彼も私も太平洋戦争の生き残り、そこでこの譬《たと》えはすぐにピンと来たらしく、「なるほど」でこの件はおしまいになった。末期の特攻隊のものすごさは、もちろん過激派学生の比ではない。管制塔を破壊するなら、点火したダイナマイトを抱いてそこにとびこんだのが彼らの生き方である。

彼もまたそれを体験している。そしてそれを知るがゆえに「マッカーサーは丸腰で厚木へ……」の返事の意味がすぐに理解できたわけである。そして私の判断の基準も、終戦、アンポの幕切れ、反バンパクの終わり等々にあったわけである。

「それなら」と読者は問うかもしれない。「なぜ、最初の電話の後で考えこまざるを得なくなったのか」と。言うまでもなく私の判断は、一種の経験則を基《もと》にしている。「未来は神の御手にあり」で人間には未来のことはわからないから、それへの判断に過去の経験が大きく作用することは当然であろう。しかしこの判断は絶対ではあり得ない。まったく新しい事態が起こらないという保証はどこにもない。ではどうすべきか。

言うまでもなく、経験則だけでなく正確な情報を集めて、それを分析して判断を下し、その判断を基に決心をして、それを実行に移すべきであろう。情報蒐集→情況判断→決心→処置は、戦場ならずとも、人間が行動を起こすときの基本的な順序である。となると経験則だけでなく、過去における成田報道を分析して判断を下すべきだということになる。

では一体、ヤジ馬的判断は別として、海外に行かねばならぬ人間が「成田にすべきか否か」の判断を下すにあたって、新聞ははたして「情報といえるもの」を提供しているだろうか。

少なくともあの電話の時点では私は、「過去十二年間の新聞報道を分析してみますと、大丈夫ですから……」とは言わず、むしろその時点の「成田は危険」の洪水情報とは逆のことを言っていたわけである。

アメリカの友人の不安は、言うまでもなく日本の新聞の「洪水報道」に起因している。となると彼の即座の了解は、彼も私も新聞をまったく信ぜず自己の経験則を信用していたことになる。

こうなると、ヤジ馬的判断は別として、いざ自分が行動するとなると、新聞の提供した情報は現実には一顧《いっこ》だにしておらず、天気予報ほどにも信用していないことになる。なぜであろうか。「少々考えざるを得なくなった」のは、実はこの点である。

日本的健忘症

そこで出発までに過去約十二年間の「成田報道」を全部読み返し、なぜ自分が、否自分だけでなくおそらく多くの人が、かくも新聞を信用しているのかを調べてみようと決心した。確かに「中国報道史」「ベトナム報道史」「公害報道史」「むつ（注：原子力船「むつ」号から放射線が漏れたと騒がれた事件についての）報道史」「成田報道史」はそれぞれおもしろい主題である。

しかし自分に直接関わる問題となれば、人間誰しも相当に真剣に、自分のこととしてその報道を読む。となれば、「成田報道史」こそ、切実な問題としてその情報に接し得るから、今の時点では、もっともおもしろい研究対象になり得ると考えたからである。

読んだのはまず、昭和四十一（一九六六）年七月一日の朝日社説「長期的な空港の整備計画を」から昭和五十三年五月二十六日の「成田ひとまず落ち着き、開港一週間、利用客厳戒慣れ、反対同盟は長期戦の構え」までで、後の記事はそのつど読んで現在に至っている。「成田報道史」という以上、全新聞のそれに関する記事を読むべきなのだが、朝日だけで、その量の多さにいささかうんざりした。と同時に、時々参照し照合した他紙の記事も結局大同小異、そこで朝日でその報道の筋をたどることにしたので、本稿は「朝日新聞に依《よ》り他紙を参照にとどめた成田報道史」ということになる。

この点に問題はあるが、朝日は故美土路《みどろ》昌一《ますいち》元社長以来、飛行機に強い関心を持つ伝統があるためか、社内にも飛行場関係のベテラン記者もいるらしく、その面の解説記事は要を得てわかりやすかったからである。また時々、「お添えもの」のような形でそれとは関連なく、異質な記事がとびだしてくるのもおもしろい。

これは報道史という形で捉えてみるとよくわかる。と同時に今回は「成田報道史・第一期」を主題とし、それと以後とを対比するという形になるので、正確には「第一期史」である。

「廃港論的お添えもの」は意外に人の目をひいて強く印象に残り、同時に社説、専門的な解説、統計数字等は「読まれざる記事」であるため、読者にはある種の印象の積み重ねしか残らないであろうが、『報道史12年』の形でその一つ一つを精読すれば、印象批評とはまったく違って、朝日が実は一貫して「成田新空港推進論者」であったことに人は気づくであろう。いわばその内容はすべて「成田空港推進」という「明言せざる前提」のもとに記されており、それが相矛盾《むじゅん》する表現で出てきている。

（一）が社説と解説にみられる「やむを得まい」を枕詞《まくらことば》にした及び腰の推進論、（二）が無前提の話しあい論、(三)遅延・不能率とそれによる建設費の巨大化に対する公団・政府への糾弾、(四)札束攻勢への非難論、(五)場当たりと手狭への非難論、そして「政府が悪い」のリフレインとお添えものの廃港論である。

この五つは、「忘れた頃」にさまざまな形で出てくるのと、新聞は常に「その日のニュース」として紙面全体の中でその記事を読んで読み捨てにすることと、時には読まなかったり見出しだけでやめておいたりするので、以上五つの主張がそれぞれ矛盾し、一貫して読みつづければ、どうしてこう矛盾した主張が並べられるのか不思議にも思える。

新聞はしばしば「日本的健忘症」に便乗していると批判されるが、これをたどると新聞人こそ最重態の健忘症で、自分が報道したことをけろりと忘れているのだとしか思えない。

それは論説だけでなく事実の報道でも同じで、「ああ報道した以上この報道はおかしい」と言うべき記事がいたるところに出てくるのである。

「やむを得ない」の立場

なぜこうなるのであろうか。誰が考えても(一)(二)(三)(四)(五)ともに満足さすことはできない。特にミノベ流「橋の哲学」が(二)「無前提の話しあい論」に出てくれば、一人が廃港論を譲《ゆず》らなければ工事は進められないから、遅延は当然である。

また「強権否定・話しあい絶対」が補償という問題に適用されれば、開港を急げば急ぐほどそのコストが高くなって当然であろうし、現にそうなっている。

　また油送管一つにしても自治体と話しあい、さらに住民運動と話しあうとなれば、「無前提話しあい論」を前提とする限り、時間とコストはかかって当然である。と同時にそれとの妥協では、理想的な空港とはなり得なくて当然なのだが、そうなると「場当たりと手狭への非難論」が出てくる。

　これらはすべて（一）の「推進論」を前提として発生するのだから、（一）の前提をはずせば（二）（三）（四）（五）は出てこない。

　したがって、（二）（三）（四）（五）を問題とするのは（一）を前提としているはずである。では（一）をはっきり主張するかといえば、少なくとも「印象に残るような形」では主張しておらず、『報道史の12年』から見ればお添えものにすぎない「廃港論」が逆に華々《はなばな》しく登場する。そしてこれを追っていくと、新聞なるものの正体はまったくわからなくなる。

　しかし、わからないでは困る。そこでまず（一）の「やむを得まい」を枕詞として「及び腰の推進論」から始めよう。口の悪い人間が「内容のない本は冒頭と末尾を読めばわかる」と言ったが、成田報道の冒頭と末尾（もっともまだ「あとがき」はあるであろうが）を読むと、「ははあ、これが内容だな」ということになる。

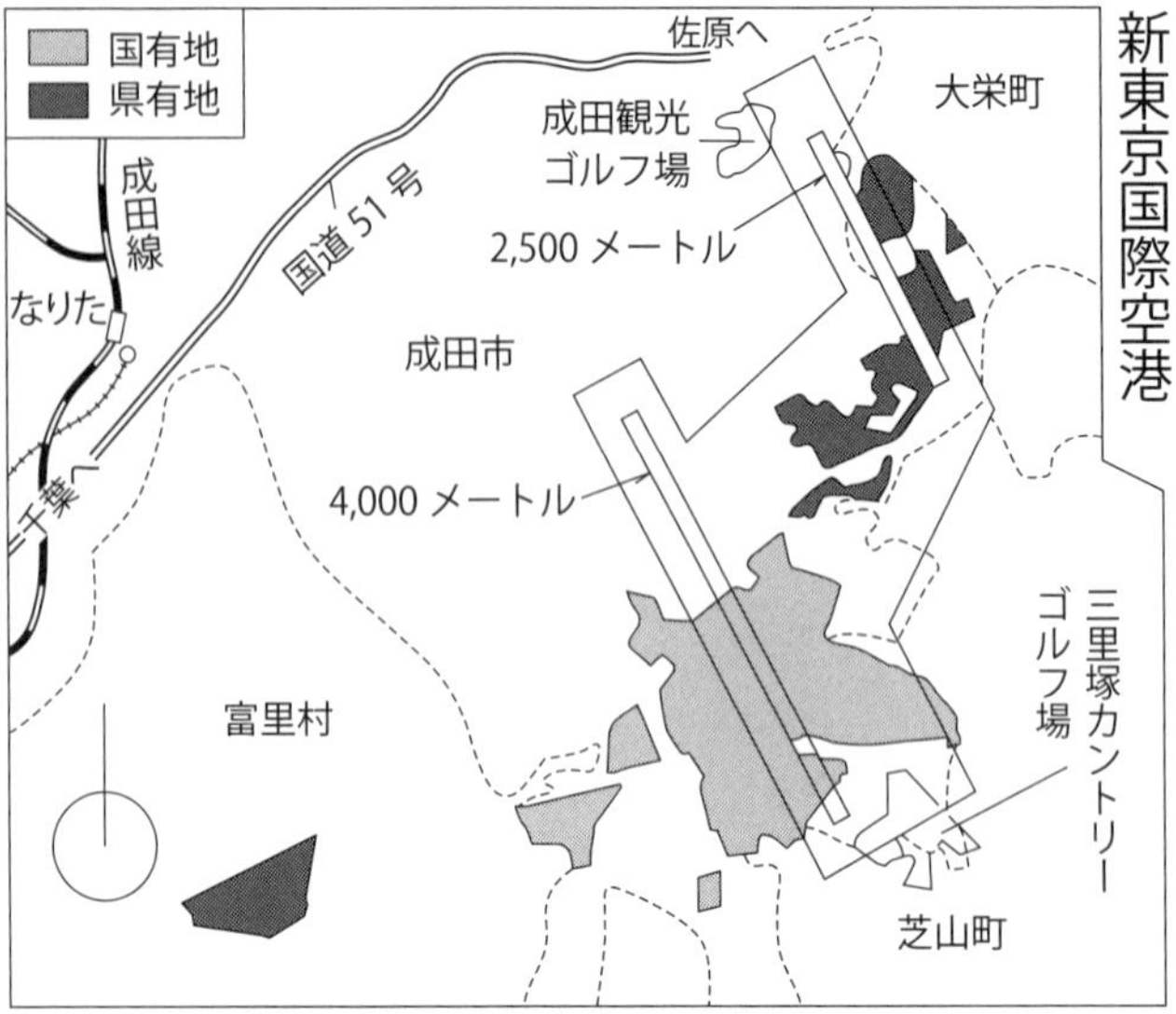

新東京国際空港

四十一年七月一日の社説には次のように記されている。

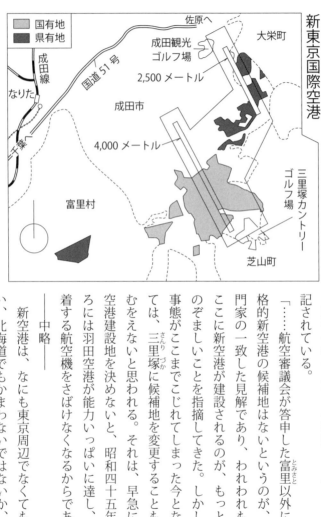

「……航空審議会が答申した富里《とみさと》以外に本格的新空港の候補地はないというのが、専門家の一致した見解であり、われわれも、ここに新空港が建設されるのが、もっとものぞましいことを指摘してきた。しかし、事態がここまでこじれてしまった今となっては、三里塚《さんりづか》に候補地を変更することもやむをえないと思われる。それは、早急に新空港建設地を決めないと、昭和四十五年ごろには羽田空港が能力いっぱいに達し、発着する航空機をさばけなくなるからである。

——中略——

新空港は、なにも東京周辺でなくてもよい、北海道でもかまわないではないか、という意見も政府内にあるようだが、国際空港は首都になるべく近いところというのが大原則である。――中略――〝一時しのぎ〟の空港すら東京周辺には、つくれないということでは、それこそ日本の表玄関を北海道に持って行かねばならなくなるだろう」

ここでは朝日の主張は（一）富里が最適地だが三里塚はやむを得ない、（二）国際空港は東京近郊が大原則、（三）一時しのぎすら造れないようではいけない、の三点であろう。

なぜ三里塚をやむを得ないとしたかは、四日夕刊のトップ「『三里塚空港』を閣議決定」に続く関連記事を読むとわかる。内容は要約すれば、右の新東京国際空港の地図が示すとおりなのである。

国有地（御料牧場《ごりょうぼくじょう》）と県有地が大きなスペースを占めている上、飛行場内の農家は二五〇家（これが後にどういうわけか三五〇家に増える）にすぎず、その人たちには、一定の補償費を払った上で御料牧場のはみだし部分と富里村の県有地に代替地を準備してこれに移住してもらえば、やっかいな土地問題が最も軽い問題として処理できると朝日も考えたわけである。

確かに地図を見れば、少なくとも一期工事だけは、それで行けそうに思える。朝日は飛行場建設が急務でしかも東京近郊を大原則としているから、「やむを得ない」としつつもこれを可とする社説を書いたのであろう。

朝日の底意を読む

以後、多少の紆《う》余曲折《よきょくせつ》はあるが、同月二十八日に早くも「成田空港条件闘争連盟」ができ、「積極的に補償問題の交渉を進める方針」がベタ記事で出て、このあたりではだいたい楽観的である。

だが「前途多難の成田空港」の解説記事（昭和四二年一月二四日）が出た直後から問題の複雑さが出てくる。地元三派（後述）の対立、条件派への竹やりデモから、「ベトナムに通じる戦争に利用される」という革新系の絶対反対論まで出てくるわけである。

一方、四月二十一日にはこれとは逆ともいえる「成田空港は中途半端、大型機には狭い、都心への道路も不備」という航空政策研の中間報告が朝刊トップに出る。

これは拡張論であり、リードの末尾は「現在の計画案は、あまりにもひかえ目すぎて、すべてが中途半端になるおそれがあり、これでは世界の中心空港となりうるかどうか疑問であると指摘、さらに空港と都心を結ぶ道路計画が十分でない、とかなり批判的な立場を打出している」となっていて、さらに「新空港を世界航空網の中心としてはずかしくないものにしたい」という今野代表理事の言葉が添えられている。いわば後の〝欠陥空港論〟に似た点があるが、趣旨はもちろん廃港論でなく拡張論である。

これをトップに持ってきたのが、この方向に世論を喚起するためだとすれば、——私はそう判断する、というのはトップにするほどのニュース性があるとは思えないから——ここでの朝日の主張は「世界一の大空港を造《つく》れ」であろう。そしてこの「手狭論」は、問題が小康状態になると必ず出てくるから、朝日は底意としては、大拡張論者なのだと思われる。

五月には「測量クイ打ち」問題が起こり、六月二十六日に大橋武夫《おおはしたけお》運輸相が条件派との話しあいに成田をおとずれる。「運輸相を囲む反対派の渦、駅舎に一時カン詰め」で、反対派が「話しあい阻止」をしている。後にもしばしば反対派の「話しあい拒否」は報道されているが、不思議なことに朝日、ただの一回も、「反対派も話しあえ」とは主張していない。

敷地内325戸内訳
（千葉県空港調査室調べ）

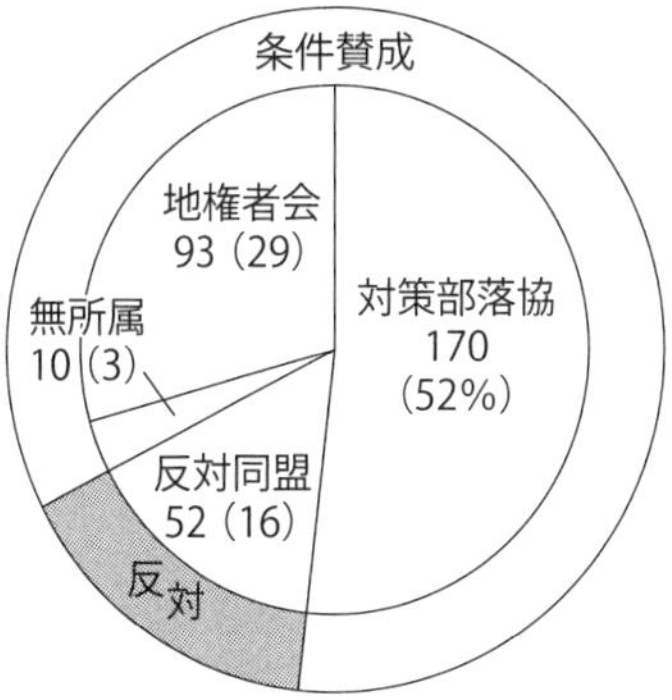

この状態を現出した理由は、七月四日付の解説記事にある上の円グラフを見れば明らかであろう。前記の三派とは地権者会、対策部落協、反対同盟の三つを指すが、反対同盟はこの時点ですでに一六パーセントにすぎず、条件賛成二派と大橋運輸相との間で一気に「話しあい」が進んで大勢を決してしまうことを恐れて阻止したわけであろう。

これが第一回の話しあいだが、第二回は十一月十五日に反対同盟との話しあいがなされ、三回目もあったと思われるが、これについては後述しよう。だがこれらを読むと、政府が話しあわないのが悪いという後の報告は少々変である。興味深いのは八月二日の「空港整備は重点的に」という朝日の社説である。これは運輸相の「航空の長期展望」に対する批判という形だが、それには「わが国航空政策の立ち遅れを反映するかのように、当面の重点施策として網羅的《もうらてき》に問題点をとりあげているが、このうち最も急を要するのは空港の整備」だとしている。

確かに発着の安全を第一とすべきで、そのための多少の不便は致し方がないとするのは正論であろう。だがこの正論と後の記事ともまた一致はしないのである。

政府も新聞も楽観的

成田のほうは、少年行動隊が発足、八月十六日には「主婦と少年ら抗議の前面に」となり、さらに老人行動隊も出て運輸省で十月六日「局長を突飛ばす」となり、そして十日「公団、クイ打ち強行」となり「三本のクイ、一気に打込む、三重に取囲んだ警官隊、農民は土を投げて抵抗、老人隊は涙でお題目」「公団側、ホッとひと息、全学連――反代々木系――現れず」となり、この時点ではまだ過激派の出現はなく、政治面における反対の主力は社会党と共産党である。

だがこういう問題を一つ一つ取りあげていったら、それだけで予定の枚数になってしまうであろう。

ここで前述の「話しあい」問題に入ると、四十二年十一月十四日午後、朝日新聞主宰、同社伊《い》藤牧夫《とうまきお》社会部長の司会で、大橋武夫運輸相、今井《いまい》栄文《えいふみ》公団総裁と戸《と》村《むら》一作《いっさく》委員長、瀬利誠・石橋政次副委員長との間に、両者話しあいの座談会が開かれている。

ただ「話しあい」は平行線で、戸村委員長は「もっと農民が納得するような方法ではじめからやられていたら、今頃は滑走路ができていたのではないかと思う」とか言いながら「話しあいはこばむつもりはないが、空港は絶対に作ってほしくないのだ」と結論づけ、同時に「米軍のチャーター機が……」という言い方で、これをベトナムと結びつけている。

が一方では、「私たち農民には、空港建設は生活破壊です……」とも言って政治的な理由ではないともしている。そして最終的には司会者の「これまでの経過のなかで生れた誤解も深いよう……」といった挨拶で終わっているが、これは誤解というよりも前提の違いであろう。

すなわち一方にとって「話しあい」とは開港が前提であり、もう一方にとっては「工事取りやめ」が前提だから、この話しあいは成り立たなくて不思議ではない。

「戸村委員長は「もっと農民が納得するような方法で……」という形で、こういう事態を招来したのは政府の態度が悪いからだとしきりに強調しているが、ではどういう態度をとればよかったのか、ではなぜその時点ですでに、おそらくは八〇パーセント以上の農民が「内心では政府案に賛成していたらしい」のかがわからない。

　というのは、賛成派農民はこの席に出ていないからで、この点、賛成・反対のすべてを含めた全農民かその代表者による討議、いわば提案者・賛成者・反対者の三者討議でなければ、「ナリタ」なるものの実態は読者にはわからないからである。「札束論」で、「切り崩し」を非難するなら、こういう席にこそ前記三者を招待すべきであろう。

新空港敷地の民有地所有概況
（新東京国際空港公団調べ）

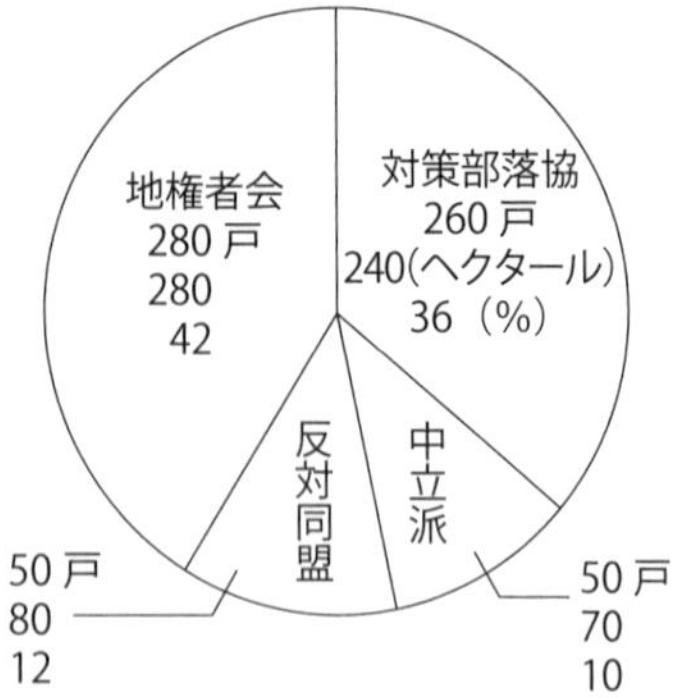

　この八〇パーセントが四十三年に表に出る。二月二十八日夕刊は、「遅れる用地買収、契約成立は2パーセントだけ、条件賛成派も事態静観」という記事に右上の表が出る。「見出し」では一向に進展していないようだが、反対者は中立派を入れてもすでに二割、ここまで固まっているものをぐずぐずしていると「公団の責任をきびしく追及する声が出ることも予測される」といった記事で、むしろ鞭撻《べんたつ》記事である。

というのは全学連がいよいよ主導権を握りはじめ、条件派もそれに巻きこまれるのを恐れての「静観」と見ているらしく、そのことは同日同紙朝刊の解説記事「成田空港デモの二日間、農民の空気微妙、続くか全学連との共闘」の次の文章に出てくる。

「ところで、地元の反対同盟はなぜ激しさで知られた三派系全学連を招いたのか。『死んでも農地は売りたくない』という農民独特の心理と、反対派がジリジリと追詰められた気持から、同全学連の激しい行動力に救いを求めたということのようだ」としている。

　この図式――反対同盟からの脱落者が出れば出るほど残った者は尖鋭化《せんえいか》し、同時にそれに応じて外部の過激な勢力が入ってくるという図式――がここで顔を出し、以後、最後まで繰り返されていく。

　だが、当時は政府も新聞もこの図式をつかんでおらず、したがって非常に楽観的であり、それは三月九日の朝日の社説「新空港建設に万全の手を」の次の文章に示されている。

「新東京国際空港の土地買収は、三派系全学連などの介入もあって難航を続けているが、中曾根運輸相は、今年末までに土地問題を解決し、来年早々着工、予定どおり四十六年四月から新空港を使用できると、かなり楽観的な見通しを立てているようである。

　さいきんの地元の動向、たとえば、約六百四十戸（約八百人）の八〇％近い条件賛成派に対しては、近く価格交渉にはいるメドがついたこと、反対派のなかからも条件賛成派に転じたものがあるといわれることなどからみると、運輸相の見方は、それなりの根拠をもっているのであろう」

だがこの楽観論はすぐ裏切られ、三月十一日には「三派全学連、公団分室突入図る」となり、社会党三里塚粉砕中央共闘会議議長淡谷《あわや》悠蔵《ゆうぞう》代議士などがかけつけ「①三里塚空港を実力で阻止しよう、②ベトナム戦争反対、王子《おうじ》野戦病院反対など八項目の決議」をし、戸村委員長は「今後は反権力闘争にする」と語って、事態は変化してくる。

反対同盟の動き

翌三月十二日には「成田の衝突事件に思う」ということに支離滅裂な社説が出ているがこれは除く。

ところが十九日「いつ〝離陸〟する成田空港・収束へ強気の公団」では「敷地（第一期計画の）92%は買収可能」という見出しがあり、その実情への細かい説明があって「『反対同盟以外と契約をすませれば、空港建設は完全に軌道に乗る。そうなって初めて、反対同盟と話合える基盤が生れる』と、中曾根運輸相も、公団の作戦を全面的に支持する。そんな条件ができて、同運輸相は反対同盟の戸村委員長と会うつもりだ。前の大橋運輸相がこっそりと戸村氏を訪ねたように、現地へ乗りこむ考えはない」という記事が続く。

前後を読むと賛成派九二パーセントを動揺させまい、まず、これとの買収契約をすませるのが第一という主旨になっている。

これは、反対が強くなってくれば政府はやらなくなるのではないか、といった疑心暗鬼が条件賛成派の中に生まれたためであろう。というのは後の記事を見ると「御料牧場をつぶせるはずがないから、空港はできるはずはない」と多くの農民が信じていたらしい。

ただこれでみると、「話しあい」がないないと言われながら、大橋運輸相はこっそりと戸村委員長と会ったことがあるらしい。

同時に、なるべく高く売りつけようと、果樹園のほうが買収価格が高いので「〃にわか果樹園〃ぞくぞく、収穫の補償が目当て？　賛成派、畑つぶして、公団は苦い顔」といった記事（三月二四日）も出てくる。と同時にこれと反比例する形で「やはり学生と共闘」（三月三一日）という形で反対同盟はますます全学連に密着していく。

四月六日に「条件賛成四派が納得、きょう運輸省で調印式」とあり、ついで十一日夕刊で「10アール１４０万円で調印、88％は話合いつく」の記事が出る。

この八八パーセントは民有地の八八パーセントの意味であり、国有地をも含めた第一期工事分の何パーセントにあたるかは記していないが、地図でおおよその計算をすると、全体の九五パーセントぐらいで、「同公団は『これで敷地の用地買収の大きなヤマは越した』とみている。残りは、三派全学連と共闘し『あくまで話合いに応じない』としている三里塚・芝山連合空港反対同盟……」という記事は、納得がいく。

おもしろいのはこの場合も、話しあいに応じないのは反対同盟のほうだと朝日自らが記していることである。ではなぜ「反対同盟は政府と話しあえ」を主張しないのか、しかも後になるとなぜ「政府が農民と話しあわないのが悪い」といった主旨の主張がこれと関連なく出てくるのか、私にはわからない。

「成田はまったくわからない。自分の国では想像もできない」。これは多くの外国人が口にした言葉である。そしてその理由は「四十三年に用地買収が終わっているのになぜ開港できないのか、なぜ五十三年までのびたか」ということなのである。

「話しあえ」とは

以上がだいたい今言ったように「成田第一期」であり、四十四年二月十五日「四月着工が本決り、一期工事、用地買収ほぼ終る」となる。新聞もここで最も面倒な用地買収問題は一応終わったとみて、「というのは、代替地のうち、約百ヘクタールある宮内庁御料牧場が八月には全面移転する、民有地の反対派は（第一期工事の？）〇・四％（十一・三ヘクタール）にすぎないなどを理由としている」と記している。

工事はお得意の突貫工事で、多少の遅れはあってもさらに十年かかるとは新聞も予測しておらず、するとすぐさま「手狭論」が出てくる。だがこの取り残されたのがわずか〇・四パーセント、現実に工事が進むという状態がますます反対派を尖鋭化させ、二月二十六日に「〝成田流血〟から満一年、『決死隊』きょう結成、四月着工が農民を刺激」となる。

では、農民を刺激しないように、「買収後はしばらくそのままそのままに」と主張するかと思えば、「外堀埋まった〝成田攻防〟、連休明けから工事」（五月二日）、「成田空港、いつ飛べる、〝ここまで来れば〟一本立ちにはなお難関」という形になり、推進論・手狭論が出てくる。

前述のようにここまでが「成田報道史・第一期」だが、いわば後日物語として、その後の用地買収の経過を追ってみよう。

公団は〇・四パーセントを避けて工事を進め、しばらく土地問題はなく四十五年一月十六日「大詰にきた用地買収〝勝負あった〟と公団側、一期分はあと二ヘクタール、反対農民なお執念」となる。そして四十六年四月二十六日に「反対同盟から〝脱落者〟公団が土地を買収、七・四ヘクタール、説得工作が成功」とあり、リードの末尾に「今回の発表は反対同盟員十四人の〝脱落〟を意味するだけに、同盟の受けたショックは大きいものとみられる」とある。

反対同盟の幹部級の脱落もあったらしく後の戸村委員長の「私はね、婦人行動隊の副隊長が脱落した際、ユダの裏切り行為だと、それを批判しました……」（一九七六年五月七日）という言葉にそれがあらわれている。

だが、いちばん大きな事件は、反対同盟三役の一人で、大橋運輸相との「話しあい」にも出席している瀬利副委員長の〝裏切り〟であったろう。彼は五十年十二月にすでにこっそりと公団に土地を売りながらそれを「ひた隠しし、その間、道路工事をめぐる一連の反対闘争に幹部として出ていたことや、二月の町議選に同盟をバックに当選した」ことなどへ批判が出てくる。

これに対して彼は「用地内の農民が団結して頑張れ、はスローガンに過ぎなかった。理論はわかるが、実践は一致しなかった」と語っている。

この言葉は、問題の要点を明確に語っている。買収用地内の反対同盟員は出発時にすでに一六パーセントであり、いわば、用地買収に直接に関係ある全農民が最初から団結していたわけではない。そして前述の御料牧場移転時に〇・四パーセントになるなど脱落しているのである。これは最初の一六パーセントを全員とすると四十分の一しか残らず、他は脱落したことになる。

この反対運動は、はじめは「農地をとられる（正確には買収されて代替地に移転する）ことを拒否する運動」であり、したがって、厳密にいえば「飛行場用地内に農地をもつ農民」だけの問題であった。したがって新聞の「話しあえ」という主張は、「政府・公団は、用地買収について、そこに農地をもつ農民と話しあえ」のはずである。

もちろん農地という個人財産の収用は、原則として話しあいで買収する以外になく、新聞がわざわざ主張するまでもなく、話しあいに決まっている。

それは外部から売れ売れといっても、「用地内の農民が団結して」売らなければ飛行場はできないし、外部から「用地内の農民が団結して頑張れ、売るな、売るな」と強制しても、農民が売れば飛行場ができるということである。そして「団結して頑張れ」は「スローガンに過ぎなかった」と彼は語ったわけである。

脱落の実態をたどれば、確かにスローガンに過ぎまい。

虚構の報道

こうなると、用地買収が実質的に終わった後にも、それが唯一の解決策であるかのごとく出てくる「話しあえ」「話しあえ」のお題目は、正確には何を意味しているのかわからない。「飛行場内に農地をもつ農民と買収について話しあえ」の意味なら、その対象が実質的に存在しなくなった時点では、この主張は意味をなさない。

またその時点以前なら、政府・公団は反対同盟の婦人隊長とも副委員長とも話しあいをしていたわけである。と同時に土地を持っていない者、たとえば戸村委員長とは、この点での話しあいは、はじめから〝物理的〟に不可能である。

こうなると「政府は農民と話しあえ」という主張に、「どこの農民と、何について」が明言されていない理由がわかる。これも結局「スローガンに過ぎなかった」のであろう。

いわば「報道第一期」の終わりとともに、第一期工事の当面の「話しあい」対象は実質的になくなり、その際の残った者へも話しあいが進められていたことは、以後の数字と前述のような短い記事が示している。

このことはこの時点で、問題の要点は「農地買収反対運動」ではなくなったことを示し、成田問題をこの問題とするなら、すでに「報道第一期」で実質的に終わっているはずである。ところが新聞はこれを最後まで「政府・公団」対「農地を守り、買収に反対する農民」という図式、簡単にいえば「政府」対「農民」という図式で報道しつづけた。これは一種の「虚構の報道」であろう。

第二期を象徴するのは、「胸にいつも紅衛兵《こうえいへい》（注：中国文化大革命を推進した学生組織）バッジ」「成田空港建設阻止で社党議員が一坪地主、成田委員長ら55人登記」（一九六九年一二月六日）に始まり、「歌と踊りと論争と、三里塚の反戦まつり、ヒッピーも飛入り」（一九七一年八月二五日）「成田で機動隊員３人死ぬ、学生５００人待伏せ、神奈川県警の一小隊ほぼ壊滅、取囲みメッタ打ち」（一九七一年九月一六日）「成田闘争の支持を声明、学者文化人やサルトル氏も」（一九七一年一〇月一七日）「成田空港反対同盟、招待受け訪中へ、40人受入れを要望。農民、６年余の闘争紹介」（一九七一年一一月六日）に続く、政治化の時代である。同時に文化大革命、日中復交等も影響し、国際化してしまう。この間の状態には、すでに第一期報道の図式は適用できない。

それを象徴するのが「一坪地主」で、彼らははじめから「土地を耕す農民」でもなければ住民でもなく、ただ反対のために地主になった非土着的存在にすぎない。いわば問題はすでに農民の手を離れ、参加している農民は非農民化して、闘争そのものに生きがいを感じるという形になったことが報道されている。

だがそのことは逆に普通の農民を脱落させ、それが逆に残った者を尖鋭化させ、ますます闘争専念へと駆り立て、過激派と一体化していく。第二期の報道史をたどればこの間の事情はよくわかる。

特に三警官殺害後の発言の中には、第一期には絶対にあらわれなかった心理状態が見えている。この間の状態は「孤立した反対同盟はますます反代々木系との共闘を強めた。それにともなって、成田闘争は農民の土地取上げ反対運動というよりは、反権力闘争といった面を強めていった」（一九七一年九月一七日）に要約されるであろう。そしてその心理状態は前日の斎藤茂太《さいとうしげた》氏（注：精神科医）の分析が最も納得できる。

それを読むと瀬利副委員長が、なぜ堂々と脱退できず、副委員長をしつつ密かに土地を売ったのかも、警察官殺害を自白した青年行動隊員が、自白で自分はすっきりしたが家族が村八分になるのが恐ろしいと言ったことも、わかる。

いわば前記の記事にもあるように「反権力闘争」という形で、「学生という名の闘争家」「公務員という名の闘争家」と同じように、「農民という名の闘争家」と言ったほうが適切なほどそれに生きがいを感じ、それが主体となった状態で、成田はもはや成田ではなく、打倒すべき権力のシンボルとなってくる。これはもはや、「飛行場設置に伴う諸問題」という形で、第一期報道のような形で捉え得る対象でないことは、朝日の報道自体が示している。

だがここに別の傾向が生まれる。反権力闘争となると、新聞は不思議とそれを評価し、心情的一体化を示しはじめる。そのときの農民という言葉はすでに同じようにシンボルにすぎず、報道第一期でグラフに示された「飛行場用地内に農地をもつ全農民」としての「農民」を意味していない。そして廃港論はこの延長論上に出てくる。

だが、これらの記事を「報道史」という形で読み、鉄塔撤去後の社説「成田空港開港への道」（一九七七年五月八日）を読むと、まてよと首をかしげたくなるのである。

「新国際空港の必要性については、羽田空港が明らかに能力の限界に達した以上、これを否定する意見は少ない。しかし、候補地が成田に決定するまでのいきさつは、まったく地元の農民を無視したもので、これが問題をこじらせる大きな原因となった。荒れ地を汗で豊かな農地に変えた三里塚の開拓農民たちにとって、土地を取り上げられることは、生存権を否定されるほどの打撃だったろう。

それだけに政府は、なぜ新国際空港が成田に立地しなければならないかについて、地元に十分説明する必要があったのに、それを怠《おこた》った。また、用地買収などに当たって、公団の態度が反発を強める結果になったともいわれている。いまさら過去のことを洗い立てるのは、こうした政府、公団の苦い経験が、今後の開港準備に教訓として生かされねばならないからである」

過去の報道を無視

廃港論は「お添えもの」であろうから白紙のその記事に触れなかったことはひとまず措《お》く。だがそれにしても、過去の状態は本当にこうだったのであろうか。少なくとも朝日新聞の「成田報道史」を読んだ限りでは、こういう結論は出ないはずである。

この論説委員氏は、これを書くにあたって、朝日新聞の十二年間の報道を読み返したのであろうか。報道史の一期、二期を分けて考えたであろうか。否、おそらく通読さえしていないであろう。

日本の新聞の大きな特徴は、記事・論説を書くにあたって、自分が過去にどのような報道をしたかを、まったく無視するという点にあるのかもしれぬ。もちろん、朝日の論説委員が朝日の記事を信用しないのならそれでよい。しかしもしそうでなく、自己の報道を「事実の報道」だというなら、「論説」はその「自分が報道した事実」に立脚して書かるべきであろう。

したがってこの引用の末尾を、自己の記してきた報道の歴史を「今後の論説準備に教訓として生かされねばならないからである」と変えれば、「成田空港開港への道」は「新聞論説準備への道」にそのまま通ずることと思われる。

報道史的視点の欠如は、結局、最初にあげた五つの矛盾を、場当り的に出したりひっこめたりする形で、それを総合した形の、本当に指針となり得る主張も将来への予測も不可能にしていると思われる。

「成田報道史」もまた「安保報道史」と一脈相通ずるものがある。

私は結局、報道史で見てもなお、最初の予測の、私の経験則のとおりになると考えざるを得ない。それが結局、不知不識の経験則になっているのかもしれない。

日本の新聞は「図式化」ができないから読んでも何もわからないことは前に記した。と同時に「報道史化」ができないから、過去の報道を踏まえ、これを総合した形で、その延長線上に未来を予測し、仮説としての「指針」を提供することもできなくなってしまうのであろう。

第3章　オモテとウラ

言葉で殺された人

「守る者」こそ善意の加害者になりやすい

以下記すことは、「新聞報道と個人の基本的人権」という、古くまた新しい問題であり、同時に、この問題における、おそらく日本固有と思われる面である。

「新聞が個人の基本的人権を守る」という言葉は「軍人は国民の生命財産を守る」という言葉同様、非常に危険な一面を持つ両刃《もろは》の剣《つるぎ》のような言葉であって、一歩誤れば軍による国民の使い棄てを正当化するように、報道もしくはキャンペインにおける一人間の使い棄てを正当化しかねない。

そしてこの際、さらに困ることは、両者とも善意から（といえないまでも「悪意なく」）それをおこなっていることである。

陸軍は今では非難のみの対象だが、しかし日本国および日本国民に対して悪意を持っていた軍人は、私の知る限りではただの一人もなく、まさにその逆であった。このことは、はっきりと断言できる。同じように、いわゆる弱者・被害者に悪意を持っている新聞ないし新聞記者は一人もいないであろう。

だがそのことは、軍もしくは新聞が、加害者になることはあり得ないということではないし、またその加害を正当化できることでもない。否《いな》むしろその逆であって、「守る者」こそ普通の人間以上に、善意の加害者になりやすく、その加害は悪意の加害者以上に正当化できないはずである。

というのは、それはしばしば被害者から正当な抗弁の権利を奪うという点で、結果においては最悪質の加害者になるからである。そして本人がこの危険性を意識していないと、時には、一人間を破滅に追いこみながら、本人はなんの責任も負わず、正義の人のごとくに振る舞い得るからである。次は、そのほんの一例である。

やりきれない二つの記事

「週刊新潮」一〇三五号（注：一九七六年二月五日号）をお読みの方は、同誌の新聞批判欄、ヤン・デンマンの「東京情報」に、新聞記事が正しいなら、二度失明したことになってしまう若林典三郎さんのことが載っていたのを、覚えておられるかもしれない。

同じ批判は「月曜評論」（注：当時刊行されていた週刊新聞の一九七六年二月九日号）にも「なぜウラを取らぬか・むしろ罪な、お涙頂だい記事」の題で載っており、内容はほぼ同趣旨である。ただこちらは新潮誌と違って〝会話形式〟でなく要約しやすいから、このほうの要点を次に抄出させていただく。

〈東京新聞昭和五十一年一月二十五日付の千葉版を見ていたら、次のような見出しの記事があった。「今どこに……戦傷の証人——その人は親切な従軍看護婦？—三十年前の証言を—見えぬ目で〝現認者〟捜し—失明の旧軍人」

これは日中戦争で約二年間転戦して負傷、失明して復員した旧軍人が傷病恩給の請求をしたが、負傷当時の現認者がいなかったのでその請求は却下されてしまった。今日、その現認者である従軍看護婦を探しており、千葉県の人だと聞いているので、ワラをもつかむ気持ちでその人がいたら出てきてくださいと訴えているという、お涙頂戴《ちょうだい》的記事なのである。

その人は市川市八幡一—三—六にしき荘内無職若林典三郎氏（六一）という。（中略）

昭和五十年八月二十五日付毎日新聞を見ていただきたい。

「クロム中毒で失明？　日化工下請け元従業員名乗り—トラックで鉱さい（注：鉱石から金属を精錬する際に生じる不純物など）運び投棄」という見出しの記事である。千葉県市川市南八幡一—三—六若林典三郎（五九）は三十一年に鉱さい投棄の下請会社共立運保からトラック助手として小松川工場に入った。クロム鉱さいを積む時もうもうたる粉じんをかぶり、鉱さいを処理したのだが五年後の三十六年ごろから目がチャリチャリしだし異物が入ったように痛み出してついに失明、鼻中隔《びちゅうかく》もせん孔した。（ただし梅毒にかかっても鼻中隔せん孔はおこる。失明もする）これはクロムのせいだと、労災認定をしたが認められずという、これまたお涙頂戴式の記事である。

この二つの記事に書かれてある若林典三郎氏が同一人だとしたら、東京新聞では日中戦争で負傷失明したとあり、毎日新聞ではクロム鉱さいで失明したという。どちらが本当なのか。いや、どちらもウソなのではないか。（中略）

この二つの記事の主人公若林典三郎は同一人物である。その人が、東京新聞では戦争で負傷失明したことを現認する従軍看護婦を探しているとあり、八月の毎日新聞では、日本化工のクロム鉱さいによって失明し東京江戸川区立船堀《ふなぼり》勤労福祉会館で開催された日本化工被害者の会ではイタイタしい姿が写真に出ている。このように並べてみると、この若林という人の言うことはデタラメであるとしか思えないのである。（中略）

どうしてそのウラをとらなかったのか？　それは「魔女狩り」の特徴で、あいつは魔女だとゆびさされた日本化工をやっつける材料ならば、どんなアヤフヤなことでも平気で記事にするという傾向があったからである。若林のウソにだまされた記者は「シメタ」と思ってこの記事を書いたのであろう。

また、東京新聞の記者もバカである。お涙頂戴風の記事で、これは誰も傷つけないから、毎日よりも罪は軽いが、しかし、この若林の言うことのウラをとるくらい、簡単にできたはずである。（中略）毎日の記事はそれによって、何の罪もない日本化工を著しく傷つけた。そして訂正も取り消しもしない。（中略）

毎日も東京も、ウラをとりさえすれば、この若林という人がウソツキであることをただちに知ったであろう。どちらの新聞の記者も、それをやらなかったことは明々白々である〉

だいぶ辛辣《しんらつ》な記事だが、残念ながら「月曜評論」も「ウラ」を取っておらず、「（注：ある新聞社の信頼できるデスクが）他をきずつけるおそれのあるものについては、くどいぐらい『ウラをとらせた』ことを知っている」と自ら記されたこの筆者の（明）氏にしては、「ウソツキであることをただちに知ったであろう」は、少々不思議な文章といえる。だが先へ進もう。

新潮誌はさらにこのほかに、若林さんが恩給を申請したのが昭和二十八年であることを取りあげ、なぜその時点で「現認者探し」をしなかったのかという疑問、この人が本当にそんなに気の毒なら、なぜ三十年間、誰も救いの手をのばさなかったのか、という疑問も提出している。

実は、私自身、もう二年近く若林典三郎さんの〝事件〟を調べており、したがって新潮・月曜両誌の若林さんに関する記述はまったく事実と違うことを知っているので、まず反射的に両誌に抗議しようと考えた――が、すぐ思いなおした。

というのは、そこに記されていることは「新聞記事のみで若林典三郎という一人間を見た場合、否応《いやおう》なくこう見えますよ」という冷酷な事実の指摘に等しいと気づいたからである。新聞を読みなおし、また新潮・月曜両誌を読みなおした。その結果、たとえ私がいかに両誌に抗議したところで新聞の虚像若林典三郎に対しては、結局、すべての人が同じ結論を下すことは避けられないことを知った。

同時になんとも少々やりきれないことは、新聞社も記者も、少なくとも若林さん個人に対してはまったく悪意を持たず、ただ善意だけで行動しているように見えることである。だがこの善意は、若林さんへの致命傷となった。これが最初に「守る者」こそ善意の加害者になりやすい、といった理由である。

「オモテ」も取っていない

もう一つ興味深く感じたことは、人びとが「事件の順序は新聞記事の順序」と反射的に考えることである。いわば、「五十年八月二十五日に『毎日』でクロムと言っていた者が、五十一年一月二十五日に『東京』で戦傷と言いだした……」という形で受け取る。だがこれは新聞社の報道の都合で起こること、事実関係の前後には無関係なのだが、新聞だけではこれがわからない。

いま私の手許にある若林さんへの診断書（昭和四八年七月一〇日　国立国府台病院眼科および神経科のもの、昭和二八年の書類提出時の診断書は都庁恩給課が無責任にも紛失）より関係部分を抽出すると「傷病名・頭部盲管銃創・体に五カ所負傷（砲弾破片傷）、右前額部に約二・九センチ長、頭方に凸な皮膚瘢痕《はんこん》を有す（銃創痕）、視力右眼＝ゼロ即ち明暗を弁ぜず、左眼＝眼前手動弁・矯正不能、右末梢性顔面神経麻痺」等々とあって、なにも、五十一年一月二十五日になって、はじめて彼が「戦傷だ！」と言いだしたわけではない。だが新聞記事では、こういうことは一切わからない。

だがここで問題なのは、「東京」の記事（これについては後述）ではなく「クロム中毒で失明？」の「毎日」八月二十五日の記事である。なぜ問題かといえば、この記事が先行しているから人びとが妙な錯覚を抱くわけだが、実は、この記事は若林さんに直接に取材しておらず、誰かから聞いた話、すなわち「伝聞」をそのまま記事にしているからこれが消えている。「月曜評論」は「なぜウラを取らぬか」と批判しているが、実際は「オモテ」も取っていない。本人が取材を受けた覚えがないだけでなく、同席者もそれを証言し、いつでも証人になると言っているからである。

また若林さん自身、何かあれば必ず私に連絡し、同時に取材者に、全資料は私に預けてあるから、そこで調べてくれと言うのが常であった。その連絡は別の「毎日」の記者から別の機会にはあった。ただこの件だけは、記事になったことを若林さん自身知らなかったし、私も知らなかった――はなはだ迂闊《うかつ》な話ではあったが。

さらに新潮の記事が出た直後、毎日新聞社から若林さんへ、「取材の事実の有無」につき、電話で問いあわせがあった。若林さんがはっきり否定したところ、「ああ、そうですか」で電話が切れたと、若林さんから私に連絡があった。

ただ、いつもこういう場合、若林さんは相手の名前を聞かない。私が注意してすぐ「毎日」へ電話させたのだが本人不明とかで、未だにわからない。

なぜこういうことになるのか。週刊新潮は、この三十年間、若林さんに救いの手を差しのべる者がいなかったと記している。確かに結果としてはそのとおりだが、ある面から見れば、居すぎるぐらい居たのである。そしてその話を若林さんから聞いていると、新聞も含めて、まったくやりきれないような日本社会の病弊《びょうへい》が、そのまま出てくる。

それは、お上《かみ》↑顔役↑庶民という図式と、右か左の水戸黄門《みとこうもん》が出てきて一切を解決してくれないかといった感じの「救済者願望」とで織りなす、徳川時代そのままの世界のように見えてくる。

若林さんは小卒ですぐ町工場に入った鍛冶工《かじこう》、ついで軍隊にとられたという典型的な庶民、昔のヘイタイさんそのままで、その美点も欠点もそのままに持ち、前述の徳川的世界に生きている人で、大学出の秀才ではない。

こういう人が、お上から不当な仕打ちを受けたと感じた場合、反射的におこなうことは一種の「顔役にたのむ」という発想であっても、お上に反論し論破して、正当な主張で相手を納得させることではない。第一、厚生省（現厚生労働省）・都庁恩給課・恩給局（注：現東京都福祉保健局生活福祉部計画課援護恩給担当）の東大出の秀才に反論をするだけの手段も方法も彼は持っていない。

私自身、軍隊時代にヘイタイさんと起居を共にしているから、こういう人たちの一種独特の「印象順叙述」（何かの触発で最も印象強く浮かびあがった記憶から話していく）とでもいうべき言い方を知っているから、自分のほうで予《あらかじ》め頭の中に軍隊秩序を設定し、一種の系統立てをしてその中に相手の話をはめこんでいくという方法を身につけたからなんとかなるが、そうでないと、時間的順序すら転倒しても不思議でないのである。したがってどんなに矛盾した話でも、それを即座に虚偽と考えてはならない。

事実、ロッキード問題の国会の証人の言葉のように、完全に辻褄《つじつま》が合っているほうが、むしろ嘘《うそ》のかたまりかもしれぬ。しかしいかにそれが現実でも、これではお上は通らない。これが「押しと弁説とハッタリだけの顔役」を生みだす基盤の一つである。

「救済者願望」と「顔役期待」

昭和二十八年九月、若林さんは生まれてはじめて厚生省に行き、坂田事務官という親切な事務官に出会い、書類の書き方を教えられて書き、それを東京都の恩給課へ提出し、以後二、三回この人と質疑応答してからの約二十二年間、彼の前にあらゆる種類の庶民の味方、正義の味方、常に「弱い者、抑圧された者の側に立ち」弱きを助け、強きをくじく現代の〝顔役〟たちが、入れかわり立ちかわりあらわれては去っていった。

ある人は本当の善意であったろう。しかし、彼を「自己キャンペイン」の道具に使い、ひどいやり方で使い棄てにした都会議員もいたはずである。ただ若林さん自身は、自分がそういう扱いを受けたという明確な意識さえ持っていない。そして彼は最後には「六価クロム・キャンペイン」の使い棄てにされ、「若林のウソ」「ウソツキ」とまで書かれる結果となった。

だが、いかにそれをされても、彼はほかの方法を知らない。だが昭和二十八年のものとほぼ同じと思われる四十八年の診断書どおりの彼が「救済者願望」を抱きつづけたとて、誰がそれを非難できよう。非難すべきは、昔ながらの無責任な〝顔役〟たちではないのか？

そして今ここで問題とすべきは、日本の新聞にこの〝顔役性〟と〝救済者気取り〟があり、それが庶民に、若林さんが持ちつづけたような、むなしい一種の期待感を抱かせつづけたという点なのである。

「新聞が書いてくれりゃ何とかなる」は、一種の顔役期待だが、この期待は庶民だけでなく、政治家にもある。前にも記したことがあるが、佐々木更三《ささきこうぞう》氏（注：社会党委員長を歴任した政治家）が「スンブンに書かスル」と演説してまわり、またハンソン女史（注：タレントのイーデス・ハンソン）との対談では美濃部亮吉《みのべりょうきち》都知事が、新聞に書かせれば私が有利という意味のことを平然と言っている。

前者の意味は、自分たちに都合よく問題を解決するための顔役として、自分の意向どおりに〝顔役新聞〟を動かすの意味、後者は、選挙運動の顔役、政府にゆさぶりをかける顔役として、自分には新聞があるという意識であろう。

したがって新聞を「報道機関」と見ず「顔役」と見るのは庶民だけのことではないが、結局、若林さんの二十二年は、全日本人の二十二年でもあった――あらゆる公約を掲げる〝顔役〟と正義の味方的キャンペインを続けた〝顔役〟に、常に「使い棄て」にされつづけたという意味で――。

この背後にあるものは伝統かもしれない。われわれの世界には「偽救済者《にせキリスト》」という言葉はないし、「救済者のような顔をする者がいれば、それは偽救済者〝羊の皮をかぶった狼《おおかみ》〟だ。本ものなら十字架にかかってぶら下げられているはずだ」と二千年間、言われつづけたわけでもないから――。だが「救済者願望」と「顔役期待」、それに応ずるかのごとき新聞の姿勢という悪循環は、もうこの辺で打ち切るべきではないのか！

以上がこの問題の持つ一つの面だが、もう一つは若林さんだけでなくどの人間でも、一人の人間の生涯とは実に複雑なものであって、その一部分だけを切りはなして報ずれば、「その部分内」ではどんなに正しくても一つの虚偽になるということである。

「毎日」の記事はもちろん事実ではない。若林さんは、前述の電話のとき、自分は取材を受けていないと、はっきりと抗議し、それに対して一言半句の反論もなかったはずである。だが、たとえこの記事がそれ自体としては〝事実〟であっても、事実ではない。というのは若林さんが現在のような状態になった最も大きな問題点が欠落しているからである。

ただこれを、すべての人が納得し得るように詳述すれば、もう一冊の『私の中の日本軍』（注：山本七平著、文春文庫所収）を書かねばならないであろう。したがってここでは、読者に不審点が残ることを覚悟しつつ、「新聞紙学」として必要な要点だけを記しておく。

二年ほど前、まったく未知の若林さんから不意に電話があった。要件は「私は軍隊時代、『公文書偽造・詐欺・横領』をおこない、前科があるから恩給を支給できないと言われた。

これはまったく身に覚えがない。私は別に恩給がほしいのではない（これは今に至るまで彼が言いつづけている）、前科があるから恩給はやらないと言われたのが耐えられない。先日病院で隣の人にこの話をしたら、『百人斬り競争』（注：日本軍の二人の少尉が中国人を軍刀で百人斬る競争をおこなったという、戦前の戦意昂揚のための創作記事。山本七平は著書『私の中の日本軍』などで、その創作性や犯罪性を綿密に論証した）で処刑された人を無実だと証明した山本という人がいる。あなたが本当に無実なら、その人に相談したら……」と言われて、電話をしたのだという。

二つの「事実」の混同

少々冷酷な言い方だが、私は自己の体験から、いわゆる「無実の訴え」を信用しない。本人が自己暗示からそう信じこんでしまった事実は、その本人にとっては「主観的事実」であろうが、それは必ずしも「客観的事実」ではない。

新聞はしばしばこの二つを混同するので、新聞によるこの訴えが社会的信頼を失い、冷笑的にすら読まれていることを私も思い知らされる結果となったのは後述するが、このときも反射的にその一例証かとも思ったが、一応お目にかかりましょうと約し、数日後に若林さんに会った。

失礼な言い方だが、あえていえば、氏の「印象順叙述」は矛盾《むじゅん》に満ちていたし、話の経過から私は若林さんを、模範兵とも模範的市民とも思わなかった。したがってもし氏の訴えが窃盗罪なら、たとえ無実でも立証不可能と考え、すべてを断ったであろう——私は別に万能の救済者ではないから。

ただ、なんとしてもひっかかるのが、若林さんの言う罪名の「公文書偽造」である。もし本当にこれが罪名なら、なんとも奇妙な話。小卒で、それまで「事務」に無関係だった鍛冶工の彼に、公文書偽造はおろか正規の公文書が書けるとも思えないし、典型的な「印象順叙述」的発想のこの一兵士に、あの軍隊内では高度の知能的操作が必要な「詐欺《さぎ》」が可能とも思えないからである。

言うまでもないが軍隊は官庁だから、公文書の書式は決まっている。私の軍歴はほとんどが部隊本部付《づき》だから、自分の分掌《ぶんしょう》事務の公文書は書ける。だが将校ですらこれができるのは本部付という限られた人間、またその本部でも、経理・被服（注：衣服）関係となれば、私にも書けない。

これが兵隊となると、公文書を見たことがある者すら例外者である。そして見たことがない者には、偽造できるはずがない。一万円札を見たことがない者に、一万円札が偽造できないのと同じである。

もちろん、本部で事務にたずさわる兵隊はいるが、それはみな、入隊前に事務の経験のあるその道のベテラン、いわばインテリやソロバンの名手等であっても、若林さんのような小卒・町工場・鍛冶工といった人はいない。

第二に、本部勤務の兵隊は例外者できわめて少数、その職場は将校・下士ばかりである。そういう場所の兵隊が軍法会議にかかれば、本人がどんなに無実だといっても「いや、あの男はあの経理室で伝票を操作して官物横流しをやり……」といったことを、誰かが知っているはず。さらに軍法会議は表沙汰《おもてざた》だから、その上役の将校・下士もなんらかの隊内処分を受けるはず。そんなことなら、本人の所属部隊を調べれば、若林さんの訴えが嘘か本当かぐらい、すぐわかる。なんでこんなことで二十二年もゴタゴタしているのか。これが第一印象であった。

ところが調べれば調べるほど、これが複雑怪奇になってきた。若林さんは近衛輜重《しちょう》（注：軍需品の運送を主とする部隊）から中国の自動車三三連隊に転出したのだが、この間のことは実に明白、中隊長も人事係准尉も健在だが、誰一人として若林さんが軍法会議にかかったということを知らない。みな、うちの隊にいたときは絶対に何もなかった、もしあったとすれば、他へ転属した以後のことでしょう、という。

若林さんは昭和十九年六月頃（?）、本人の記憶によれば歩兵一一〇連隊、厚生省の記録によれば一三三連隊に転属したという。だが奇妙なことに、両連隊とも該当者が名簿にない。また厚生省の名簿ははなはだいい加減なものらしく、該当者がその部隊にいないというと、別な部隊名を出し、最後には「復員名簿にないが、本当に中国にいたのですか」とまで言いだす。

いなけりゃ幻の軍法会議の判決文など生ずるはずはないが、その判決文もどこにあるのかわからなかった。なにしろ三十数年前の中国での出来事、終戦時に焼却されているのかもしれない。そして本人は、そういうものを見たこともなく、法廷に立った覚えもないというのだから、わけがわからなくて当然である。

ただ若林さんの「昭和二十二、三年ごろ執行停止（これは日本共産党の宮本顕治《みやもとけんじ》氏と同じ）という妙なハガキがきたが、なんのことやらわからなかった」という非常にあやふやな記憶（文面を彼は正確に覚えていない）から、この判決文が内地にあるらしいとわかるまで、数ヵ月かかった。

この幻の判決文を探しだし、強引にその写しを入手してきてくれたのは、東京新聞の上之《かみの》郷利昭《ごうとしあき》記者である。そして、この判決文と歩兵一三三連隊との関係を細かく調べあげてくださったのが同連隊の副官であったＳさんである。本当の救済者はＳさんのような黙々と克明に事実を追求してくれる人であろう。

善意はかえって危険

この間のことの一部は、東京新聞（一九七五年三月二六日）に載っているから割愛するが、その結果私は、いわば上之郷記者の取材に立ち会う結果となった。そして同記者の取材ぶりをはじめから終わりまで見、「なるほど、大記者といわれる人は、群小記者と違って、こういう特技を持っているのだな」と感じた。それは若林さんの「印象順叙述」ともいうべきものを、「時間的順序」に塡《は》め、「因果関係の先後」の逆転を修正しつつ整理していく方法である。

もちろん紙面の制約があるから、整理されたものの全部は記事になっておらず、大部分が削除されるわけだが、こうすれば確かに、因果関係において、決定的な誤りをおかすことはない。最初に述べた「クロム中毒で失明？」の「毎日」記事は、「印象順叙述」の伝聞に、六価クロム禍失明を記者が自分でくっつけたため生じた報道といえる。

もっとも若林さんのほうにも庶民的原因がある。というのは「世話人さん」にさそわれて確かに彼はその席にいた——彼は私のような勝手気ままで不義理当然の悪しき〝個人主義者〟でなく、「せっかくお声をかけてくださったのだから……」と、どんな無理をしても義理を欠かさないタイプ。また世話人さんに「左目がはれたことがあった」という事実を「印象順叙述」で話したのも事実。また言われるままに何かに判を押したのも事実。ただ彼は目が見えず、新聞にもテレビにも無縁の人なので「六価クロム・キャンペイン」をまったく知らなかったのも事実なのである。

そのためおそらく記者は〝善意〟から反射的に若林さんの現時点の「位置」と「伝聞」をくっつけ、上之郷記者のように因果関係を明確にしてから前後を切り捨てて記事にするという方法をとらなかったのであろう。

こういうやり方をすると、えてして起こす問題は、記事になった後での「言った」「言わない」の争いである。この争いは、近頃は私のところに持ちこまれることもあるが、一般庶民（特に女性）の語り方は「印象順叙述」で、その前後の因果関係は欠落している（それは、本人にとっては説明無用のわかり切ったことで意識にないのが普通だから）ことへの、記者の認識不足に起因しているのが普通である。

前記の東京新聞の記事の中で、この判決文はまったく架空のデッチあげ、彼は無実だと私は断言した。これが前記の「思い知らされる結果になった件」だが、私はハッタリでこんなことを言ったのではない。したがって、この判決に関与した人は「一切記憶にない」などと「ロッキード証人」なみ式のことは言わず、この判決を下した前後のことを、堂々と証言されればよい。

なぜそれをしないのか。できないからだろう。第一、冒頭からデタラメではないか。この判決では、若林さんの所属は「嵐第六二一四部隊栗原部隊」となっている。これを正規の名称になおすと「第十一軍第一一六師団第一三三連隊第三大隊本部」となる。厚生省の書類もこうなっているが、副官のSさんに徹底的に調べてもらっても、若林典三郎という一兵士がこの部隊にいたという事実はまったくない。もちろん大隊本部にもいない。またこの部隊には軍法会議にかかった兵士はいない。

次にSさんが指摘するのは、軍法会議の判決書に正規の名称ではなく秘匿名《ひとくめい》を記していることの不思議さだが、さらに奇妙なのは、第三大隊が栗原部隊と呼ばれたのは大隊長が栗原少佐だった期間のみ（昭和一八年九月〜一九年五月三一日の戦傷まで）で、以後は栗原部隊という名称はなく、別の名称のはず。ということは、所属部隊が間違っているだけでなく、所属部隊名自体が若林さんの転属時（？）と思われる時点でも、判決文の時点でも、存在しない名称いわば「架空の部隊名」だということである。

第三に判決文では若林さんは「十九年六月中旬頃衡陽《こうよう》（注：長沙《ちょうさ》などより南部の地名）ニ於テ盲腸炎ヲ患《わずら》ヒタル為《ため》同地所在ノ同部隊本部休養室ニ於テ加療シアリタルガ……」とあるが、六月中旬の第十一軍の第一線は長沙・湘潭の線（注：中国東南部の地名）、衡陽はまだ中国軍の手にある。これは明らかな「架空の事実」（Sさん談）であり、また若林さんは盲腸炎をわずらった経験もなく、手術もしていない。

　第四に判決文では「……同年九月上旬頃恢復《かいふく》シタルヲ以テ当時湖南省宝慶《ほうけい》ニアリタル肩書部隊ヲ追及シ同地警備隊ニ於テ待機中……」に軍隊がいやになって「同月十五日頃」逃亡し、単独で漢口《かんこう》に行き、ここで公文書偽造をしたことになっている。

　ところが、一三三連隊が宝慶を占領したのは九月二十九日、中旬なら金蘭寺《きんらんじ》付近にいた。したがって「九月十五日頃」には一三三連隊は宝慶におらず、同地を警備してもおらず、そこへ追及していくはずはない。

　さらにSさんは、当時は日本軍が逆に包囲される形勢にあり、一兵士が単独で、宝慶↓長沙↓岳州《がくしゅう》↓漢口という気の遠くなるような距離を無事移動できるなどとは、とうてい考えられないといわれる――これはまたすべての体験者が指摘している。

　Sさんはこの訴因第一（逃亡）については、異議申し立てができると思うと言っておられる。訴因第二以下については、この稿が「新聞紙学」であり、これの追及継続はあまりに横道に入るので省略するが、これ以上にひどいデタラメの記述、さらに末尾の署名捺印が付記に至るまで明らかに同一人の筆跡、軍法会議の三判事がそれぞれ自署捺印したものではなく、誰かがさらさらと書いて、印を盗用か無断借用かして押したと思われる。

　なぜこういうことが起こったのか、否それより先に若林さんの本当の所属部隊はどこだったのか、彼はどこで負傷したのか。彼の犯罪を立証する者は一人もいないが、それならなぜ、積極的に無罪を立証できる者がいなかったか、——それらの記述も今回は除く。

ただ副官のSさんも私も思わず嘆声が出るほど、このトリックはうまくできている。だがトリックは「百人斬り競争」であれ「殺人ゲーム」であれ軍法会議の判決であれ、ロッキード事件であれ、本気でやれば必ず崩《くず》し得る。

ただここで奇妙なのは、恩給局の態度である。恩給局はこの二十二年間、一貫してこの判決を楯《たて》に若林さんの申請を却下しつづけた。これは前記東京新聞の上之郷記者の記述とそれに加えられた加藤倹蔵恩給局第一課長の言葉からも明らかである。ただこれまでの窓口は都庁の恩給課で、一切が若林さんへの口達《こうたつ》（奥さんも別室で待機させて同席させない）だけである。

その理由は、聞くところによると「基本的人権を守り、プライバシイを尊重して、その人の犯罪歴は家族にも告げないため」だという。したがって軍法会議の判決文も、私のような〝関係なき第三者〟に見せるものではないといって絶対に見せてくれない。上之郷記者はそれを、文字どおりヒッタクルようにして手に入れてくれたわけである。ここにも「基本的人権を守る」という名の加害者がいたわけである。

「言葉は殺す」

ところが一九七五年の十二月になって、恩給局は急に態度を一変し、今度は「若林さんの障害は戦傷とは認められないから恩給申請を却下する」と言いだした。今度はどういうわけか文書による通告である。確かにこれは犯罪歴に無関係だから、文書であっても人権は侵害すまい。

ただ前記「東京」の上之郷記者の記事が示すごとく、一九七五年三月までの二十二年間、こういうことは一言も若林さんに、口頭でも文書でも告げられたことはない。

まさか「毎日」の「クロム記事」が作用したわけではあるまいが、三月から十二月の間のこの急転的変化において、恩給局が若林さんを再診察して新たに診断を下したという事実もまったくない。

新潮誌は、若林さんがなぜ二十八年の時点で現認者探しをしなかったのか、と記しているが、この言葉はそのまま恩給局へ向けられるべきであろう――戦傷と認めがたいというなら、なぜ二十八年の申請時に若林さんに言わなかったのか、そう診断を下し得るまでに二十二年かかるわけではあるまい。

役所というものがこれほど非常識で庶民には冷酷なものだと人は思わないから、若林さんが逆に詐欺師扱いされてしまうではないか、と。

二十二年目に思いもよらぬ通知が来た。その上、厚生省の役人が「あなたの名は復員者名簿にないが、本当に兵隊だったのか、中国にいたのか」といった意味のことを言った。この「復員者名簿にない」は週刊新潮にも記されている。

なぜこういう事態になったか。私にはその理由がわかっている。だがそれはここには書かない。厚生省が自分で調べたらよかろう。だいたいお役人は、そういうことを調べるため月給をもらい、恩給まで保障されているはずだ。

だが、こういう言い方ができるのは、所詮《しょせん》、私が、特権階級的人間の一人である証拠かもしれぬ。若林さんにはこれができない。それが、新潮・月曜両誌に批判された「東京」(一月二五日・千葉版)の記事の原因となった。

「戦傷と認めない」に続いて「復員者名簿にない」と言われて若林さんは動転してしまった。そして動転したときに、若林さんのようなタイプの人は、「印象順叙述」的発想と「救済者願望」にとらえられてしまう。

それは、最も強く印象に残っている「復員時に自分を親切に世話してくれた看護婦さん」が今あらわれてくれればこの窮状から救われるという発想になり、この「現認者」を求めて、自分で東京新聞に、「人探し」を頼みこむ結果となった。

私はもちろん、事前に相談を受けた。「こういうことして、よろしいでしょうか」と、遠慮深く電話口で言う若林さんに、私は「その必要はないのではないか」と内心で思いつつも、反対はしかねたし、積極的に反対する理由もないと思った――若林さんも私も、「毎日」の記事を知らなかったから。それが、最初に引用した「月曜評論」の記事のようなとんでもない結果を招来した。

確認者はあらわれなかった。だが救済者〝顔役〟はすぐあらわれた。「××の会の会長二人が『軍法会議などマッカーサーの命令で全部帳消しになってる、恩給局がグズグズいうなら、私にまかせなさい。わしが行ってとってきてやる』と言ってくださるのですが……」と若林さんから電話があったからである。

いままでも何回かこの種の電話があり、私は原則として一切彼の意志にまかせていたのだが、今回だけは思わず言った、「若林さん、あなたは二十二年間、その種の言葉にだまされつづけたのではないですか。今また……」と。

軍法会議は全部失効しているという不思議な信念を持っている人がいる。また無効にすべきだという人もいる。だが軍法会議の判決は（もちろん例外はあるが）一般刑法を準用している例がほとんどなのである。

簡単にいえば強盗・強姦・殺人といった一般犯罪も、将校・兵隊がおこなった場合は軍法会議。これらまで一括して「無効にせよ」というなら、それは旧軍人に法的特権を認めよという主張になる。それは「義」ではあるまい。検討はケース・バイ・ケースのはずである。

以上、事情を完全に説明しつくしたわけではないが、私が「若林のウソにだまされた記者」とかクロムも戦傷も「どちらもウソなのではないか」といった「ウラを取らない」記述に、跳びあがらんばかりに驚いた理由は、理解していただけると思う。

ただこの件には二つの偶然があった。一つは私が偶然に二年前から若林さんの件を調べつづけ、自信を持って断言できる結果に到達し、それを裏づける資料を持っていたこと、もう一つは、偶然にもこの「最近新聞紙学」を担当していたということである。新聞批判はそのまま虚像破壊となるから、間接的には若林さんへの誤解も一部は除去できたのであろう。

だがこの偶然がなかったら、若林さんは一体全体どうなってしまっただろう。戦傷、盲目、無実の犯罪歴の上に、さらに「ウソつき」「詐欺師」が加わってくるのか。そしてそれを、どうにもできないのか？

「言葉は殺す」という恐ろしい言葉が新約聖書にあるが、まさにその例証になってしまう。どうか新聞社の方々、「言葉は殺す」というこの恐ろしい言葉を、片時も忘れないでください。

「百人斬り競争」という恐ろしい先例もあったではないか。そこで、ほかにもいるであろう未知の〝若林さん〟に代わって、こういうことが二度とないように心からお願いします。あなた方は自由に「殺すことができる側」にいるのだから――。

新聞の限界

取材力なるものの信憑性

自分の属する業界のことが新聞に出ると、誰でも「ヤレ、ヤレ、新聞とは何もわかっていないで、なにやかやと『わけ知り顔』に書くだけの存在だな」という気がするそうだが、今回の筑摩書房の倒産記事（注：一九七八年）で、私もその感を新たにした。

出版界が新聞記事になることは珍しいが、他の業界、特に基幹産業は常に記事になっている。その記事の水準も「筑摩書房の倒産記事」と同水準ならば、新聞だけでその業界を知ったつもりになっている人は、とんでもない誤解をしていることになるであろう。

さらに、国内情勢から国際情勢の全般となると、一体全体、新聞記事とはどれだけの範囲で信用すべき対象なのか、少々、考えこまざるを得なくなる。というのは、出版業は新聞社自体も経営しており、したがって筑摩の経営の問題点がどこにあるかは、まず自社の出版局から手ほどきを受けて取材にいけば、「諸君！」誌上で山本夏彦《やまもとなつひこ》氏（注：評論家）が指摘しているような誤認と誤報は生じないはずだからである。

こうなると、自己の類縁の企業さえ正確に把握できない取材力なるものの信憑性《しんぴょうせい》には、首をかしげざるを得なくなる。

一面を見てのひとり合点

なぜこうなるのであろうか。筑摩書房の記事を例にとってみると、そこに見えるのは「一面を見てのひとり合点」という点である。

たとえば、返品率が五割から七割になったといえばすぐ「三割しか売れなきゃ倒産も当然だ」という発想になり、なぜそうなったかについて、もっともらしい〝文明論的解説〟が入る。しかし、この業界には「返品率七割以上」の健全経営はいくらでも存在するという事実を知ろうとしない。

というのは、返品率は依託品についていわれる言葉だが、依託部数は必ずしも印刷部数でなく、同時にいかなる本にも読者による追加注文があり、依託品に対するこの追加注文率を無視して返品率だけを問題にしても、それはその企業の実態とは何も関係ないからである。

返品がなぜ生ずるかには、さまざまな要素があり、その一つに問屋の小売書店への配本が適正でないという点もある。こういう場合、ある小売書店は返品し、ある小売書店は追加注文をすれば、これは配本の不適正の自動調節であって、このこと自体は、率の大小を無視すればすべての出版物に起こるといってよい。

したがって、返品率が七割でも追加注文率が七割なら、依託清算期における返品在庫はゼロであり、初版品切れですぐ増刷に入れる健全経営である。そのため、私などは返品率そのものだけを気にすることはまったくない。というのは、出版社の倒産は、なにも「返品率」そのものから生ずるのではないからである。

倒産の原則には出版社とて、何か特別な要素があるのではない。要は、その商品の内容とそれをつくり出す企業の内容とがマッチしていないということである。簡単にいえば、専門書を出すなら、専門書店の経営形態をとらねばならず、絶えずベストセラーを狙《ねら》う一発屋なら一発屋の経営形態をとらねばならない。

同じように筑摩書房のような本を出すなら、それにマッチした経営形態をとらねばならないわけで、それをしなければどのような出版社、否、どのような企業でも倒産して当然なのである。

と同時に、その出版物にふさわしい経営形態をとれば、すぐに再生して再出発できるのも当然であり、過去の〝新社〟はみなこのような形で再生した。そこで、この点を修正すれば筑摩書房もすぐに再生するであろうし、再生後の返品率を調べてみたら、前とほとんど変わらないという状態であったとて、それは別に不思議ではないのである。

ということは筑摩書房の倒産について記された「一知半解に基づくひとり合点の文明論的考察」はすべてフィクションにすぎないということである。もっとも現在の日本にとって、一出版社の倒産というよりむしろ一時的整理は、それ自体大きな問題ではないといえる。そしてここに問題とすべきはむしろ、あらゆる面にあらわれる以上のような、一面をとらえての断定的報道であろう。

だが、この問題の解決を新聞社に求めることは、現在では無理と思われる。

頭に置きたい記事の水準

なぜなら、衞《え》藤《とう》瀋《しん》吉《きち》教授（注：国際関係論専攻の東大名誉教授）が「言論人」（注：おもにマスコミ報道についての旬刊評論新聞）で、地域専門家を養成するには十五年を要するといっておられる。

中国、中東、東南アジア、欧米等のそれぞれの地域専門家、また国内のあらゆる面におけるそれぞれの専門家を十五年がかりで養成して、その人が記事を書くということは、欧米の新聞にはあり得ても、日本の新聞には望めないからである。まして出版界の専門記者などは、なくて当然であろう。

二、三年で一国、一文化圏、一業界を把握できるなどという人間はどこにもいない。したがってわれわれは新聞を読むとき常に、自らの業界への記事、また自分が詳しい部門への記事の水準を頭に置いて、新聞とはあらゆる面でその水準のものだということを心にとめて読むべきであり、それを指針と考えたり、それに動かされたりして判断を誤る人がいたら、それはその人の問題だとはっきり割り切るべきであろう。

これは青少年問題、教育問題等のすべてについていえることだと思う。

宣伝戦を見抜く目

日本語は鎖国の言葉

イスラエルに来てすでに半月以上になった。その間、日本の新聞・雑誌は全然読まず、テレビ・ラジオからも絶縁されていると、あらためて日本における「マスコミ」とは何かという問題を感じざるを得ない。

日本語は確かに鎖国の言葉である。たとえば、日本の新聞が中東問題をどのように報じようとそれは現地になんの影響も及ぼさないし、現地においてこれは本当に大きな問題だなと思われることも、日本でなに一つ報じられていなければ、そういう問題があることすら日本ではわからない。

こういう枠にはめられた日本語圏という隔絶した世界で、マスコミの解説というフィルターを通して〝現地〟を知り、その知識だけを基礎に中東問題を論じあったところで、それは「自己の思い」をパレスチナに託して語りあっているにすぎない。

「自己の思い」を語りあえば、それは日本国内に関する限りきわめて通りのよい議論であり、多くの人を納得させ、心情的に共感を抱かせ得る「世論」となるであろうが、それ自体はまったく基礎を欠く空中楼閣《ろうかく》にすぎない。そしてこの空中楼閣との議論ぐらい、こちらが疲れるものはない。

ある意味ではもう御免蒙《ごめんこうむ》りたい気もするが、これを放置しておくのなら、日本において「ものを書く」ということ自体が意味を失うであろう。

そんなことを考えたのは、新設の「エルサレム・ハイウェイ」を通ったときであった。エルサレム↓ベングリオン空港↓テルアビブをつなぐ八車線の大ハイウェイは時間的距離を短縮し、両都をわずか四十分でつなぐ。昨年（注：一九七八年）の夏に来たときは、まだ工事中で、開通式の前日にこの国を離れたが、ある意味では心中穏《おだ》やかでなかった。というのはこのハイウェイは、ヨルダン領の西岸地帯の中を突っ切っているがゆえに、これだけの短い時間で両都をつなぎ得るわけで、軍事的にも政治的にも経済的にも、きわめて大きな問題を含んでいるからである。

というのは、この大ハイウェイを、イスラエルが、西岸地帯ともどもヨルダン王国かパレスチナ・ミニ国家に返却するとはまず考えられないからであり、ある意味では「返却せず」の意思表示とも受け取れないことはないからである。

ではこれが「大問題」になったであろうか。不思議なことに問題にならない。そのかわりに登場したのが入植地問題であり、これが何か大問題であるかのごとくに日本の新聞では論じられた。

だがこの問題を論じている人たちは、本当にこの〝入植地〟なるものを見ているのであろうか。また不思議に問題視されないこの新設の大ハイウェイがどこを通っているのか、地図の上で調べたであろうか？

陽動作戦に乗せられた？

ここにおいて私が考えざるを得ないのは「宣伝戦と新聞報道」という問題である。

現代は、まことに実体がつかみにくい「国際世論」なるものが、世界の政治・経済に大きな影響を及ぼし得る時代であり、それに対応して各国ともさまざまな形で「宣伝戦」を展開している。

「戦」である以上それは報道ではなく、それには一定の目標があり、それに到達するため虚々実々の作戦が展開されて不思議ではない。陽動作戦（注：本当の意図を敵に誤認させるためにとる作戦）もあろうし、奇襲戦法もあろう。ということは、何も知らずにそれをそのまま報ずれば、不知不識のうちに相手の作戦のお先棒をかついでいることになってしまうということである。

もっとも、それをやっている本人は、それについての自覚はまったくなく、さらにそれに「自己の思い」をつけ加えて、「怒り」をぶちまけたり、「正義の代行人」を気どったりしているかもしれないし、日本語の壁の中でそれだけを読まされている者は、それが〝事実〟だと信じて、さまざまな議論を展開しているのかもしれない。

しかしそれは結局は、相手の陽動作戦に乗せられているにすぎないわけである。「ベトナム報道」でもそれはあったし、現在の「中東報道」でもそれがあるであろう。

その一例が入植地とエルサレム・ハイウェイであろう。入植地、入植地と騒ぐが、荒野の中の鉄条網で囲まれた一画は、元来、無人地帯である。イスラエル水公社が水を引いているがゆえにスプリンクラー農業が可能だが、導水管とともに仮設の建物と鉄条網を撤去すればまたもとの無人の荒野に返るだけで、いつでも撤去できるし、撤去は別に大した損害ではない。

テルアビブから新設のハイウェイを突っ走り、エルサレムを越えてエリコ道に入り、死海の近くの入植地を見たとき、なぜ新聞がこのハイウェイを問題にせず、この「名ばかりの入植地」を問題にするのか少々不思議であった。

イスラエル内で入植地問題を「大問題化」し、その激烈なる論争を海外に伝播《でんぱ》させたのは、沈黙のハイウェイ問題への巧《たく》みな陽動作戦ではなかったのかと思う。そしてこれが現代なのであろう。

少なくともこれからの政治家にとって必要なことは、陽動作戦に乗せられた新聞がガヤガヤと騒ぐことの背後に、何があるかを見抜く「目」であろう。

全国紙と地方紙

「東京紙」の存在

ブロック紙に五十回ほどコラムを連載したが（注：「西日本新聞」夕刊に、一九七五年三月七日から連載）、この連載は、私にとって、意外な勉強となった。

勉強とはほかでもない。私は生まれてはじめて「ブロック紙・地方紙」といわれる新聞を、五十日間、精読する結果になったことである。東京生まれ、東京育ちで、東京で生活している人は、通常、朝・毎・読といった全国紙を読む。したがってこの全国紙とブロック紙・地方紙を長期間にわたって比較検討するという機会は、まず、ないといってよい。そしてそのことは、いつしか、東京イコール日本という錯覚を、東京人に与えてしまった。

私自身、両親は関西の出身ということもあって、この錯覚には非常に抵抗をおぼえながらも、不知不識《しらずしらず》のうちに、東京＝日本の同定化をおこなっていた面があることは否定できない。だがなぜそうなるか。さまざまな理由があると思うが、その一つが「全国紙」の存在である。だが、いわゆる全国紙なるものをブロック紙・地方紙と五十日にわたって対比すると、それが

「東京紙・全国版」だということに気づくのである。

考えてみれば、全日本を平均的に網羅《もうら》した「全国紙」というものは、存在し得ないし、存在するはずがない。東京で編集され発行されたものは、否応なしに東京紙である。

大分前、確か荒垣秀雄《あらがきひでお》氏（注：朝日新聞記者）が、若い頃、ついうっかりと「台風は幸いに東北地方にそれた」という記事を書き、東北の人から強い抗議を受けたという思い出を記されていたが、こういう記事が出来てしまうという背後にあるものは、やはりそれが「東京紙」だからであろう。

確かに都民にとっては、台風が東北にそれてくれたら「東北の人はお気の毒だ」という感情のほかに「やれ、助かった」という感情があって少しも不思議でなく、またその感情が、率直に新聞に反映しても不思議ではない。だが、東京紙全国版となるとそうはいかない。

そんなことをすれば抗議だけですまない場合もあるであろうから、否応なしに「自己規制」されてしまうわけである。東京紙全国版とブロック紙との五十日間の対比は、あらゆる面におけるこの問題を、否応なしに気づかせた。

標準語とは何か

だがおそらく、この問題には、もっと重要な面があると思う。それは一言でいえば、この状態がこのまま進めば「全日本の浮きあがった東京化」を招来するのではないか、ということである。

確かにテレビにもその影響力があるわけだが、おそらくそれは風俗面で、人間の意識の上部機構に決定的な影響を与えるものは「言葉・文字」である。言葉の面で、かつて「改良東京弁」が標準語として全国化したわけだが、同じように全国紙は「東京意識」を日本の「標準意識」にしていく傾向があると思う。

これは、実をいうとたいへんな問題のはずであって、全国一律の「標準意識」ができてしまうと、逆に、自己の意識を客体化して、自らを再把握することが、できなくなってしまうのである。

日本人は「語学下手」だといわれる。私はその理由の一つが、国内が標準語で画一化されたため、自国語を意識的に把握しなおすという機会なしに育ったためでないかと思っている。

これが方言だと、たとえば津軽弁と鹿児島弁とはまったく通じない。かつてある出版社主が鹿児島で汽車に乗ったところ、まるで外国の汽車に乗ったような気がしたという。そしてそれを聞いているうちに、標準語とは一体何であろうかという疑問を感じてきたそうだが、こういう機会は、実にまれだと言わねばならない。そして東京に住んでいる限り、標準語を摑《つか》みなおすという作業は不可能なのである。

イギリスのように、イングランド、スコットランド、北アイルランド、ウェールズと言葉が違い、またその階級によって発音が違うとなれば、常に、言葉を把握しなおすという機会に恵まれるであろうが、日本では、方言の消失とともに、ますますその機会がなくなっていくであろう。

だが、昔は単に方言の違いだけでなく、漢文または漢文を基本とした文書体で言葉を摑みなおす機会があり、この能力を養うことが教育の主眼でもあった。明治人、たとえば内村鑑三《うちむらかんぞう》や新渡戸稲造《にとべいなぞう》が、自ら英文で著作し外国で出版することが可能であった大きな理由の一つは、幼時からの漢文の習得であったと思われる。

画一化・標準化の危機

言葉と意識は深い関連がある。まず言葉が標準語一本となり、それに基づいて、東京紙全国版が広がっていくと、全日本人が「標準東京意識」に一本化されてしまう。そうなると、自らの意識を自分で把握しなおすことが不可能になってしまう。

それでは、もはやわれわれは、自分のことを自分で外国人に説明するという、明治人の持っていた能力を喪失してしまうのではないかと思われる。

この傾向は確かに進んでいると思う。というのは、私自身、この五十年間、いわゆる全国紙とブロック紙を併読し対比するまで、この問題に気づかなかったからである。

日本人の非国際性はよく問題にされ、国際性を高めよといったお説教も聞かれる。しかし、その説くところが、単に、相手のまねをせよだったら、まことに無意味なことであろう。もし、真に国際性を高めようと思うなら、おそらく逆に、まず国内性を高めて、画一化・標準化を打破して、国内にも、違った文化・違った考え方・違った価値観・違った風俗が併存していることに目を開き、国内におけるそれぞれの地方の特色を認め、その特色に基づく「ものの見方・考え方」を相互に理解するという方向へと進むべきであろう。

これは絶対に画一化でも標準化でもなく、その逆つまり併存化なのである。そしてその併存性が「文明」であろう。

意識の画一化・標準化は、一言でいえば「未開人と同じ状態」になることである。未開人は、一部族がほぼ完全に同じ意識を持ち、それが「意識の近親婚」のような形で次の世代に申し送られ、固定していく。戦後三十年（注：一九七五年時点）、日本もなにやら似たような道を歩んでいるらしい。そして、多くの問題は、この「多くの標準化知識をつめこんだ未開状態」に起因していると思われる。

以上の点は、全日本人の一つの盲点であろう。そして、その盲点を具体的事例で知ったことは、私にとって、最初に記したように、意外な勉強となった。

第4章　テレビ化の波

「実情」ではなく「事実」の報道を

誤報と虚偽の報道は別

人間が伝統の産物である限り、人は伝統から無条件で脱することはできない。もし脱しようと思うなら、それを再把握して制御する以外に方法がなく、それを自覚しないと、最も新しくかつ革新的なことをしているようで、それが伝統への盲従にすぎないという場合は決して少なくない。

そのため、革新を標榜《ひょうぼう》しつつ奇妙な保守化を結果するという状態は社会のあらゆる面にあらわれている。以上のような点から放送界における、報道について考えてみたい。

報道には「不偏不党」「厳正中立」とか「公正」とか紋切り型の要請があるが、このことは一言でいえば「正直」ということであろう。人間には誤りがあり、いかなる報道も無謬《むびゅう》ではあり得ず、誤報は避け得ない。

だが誤報は決して虚偽の報道、すなわち意識的な不正直な報道ではない。したがって誤りは訂正すればよいのであって、この点は問題にならない。

問題は常に「公正」すなわち「正直」な報道であり、今になってしばしば批判される中国報道もベトナム報道も「正直な報道」であったことは、おそらく否定できないであろう。したがってこれに従事した人こそ主観的には最も「良心的」な人であったのかもしれない。

それでは一体なぜ、これが今読んでみて、同時にそれをその時点の諸外国の報道と対比すると、あらゆる点で問題を感じざるを得ないのであろうか？

おそらく問題は、われわれの持つ「正直」の定義にあるであろう。これは実は、日本の社会のすべてに通じる問題であり、放送もまたその例外ではあり得ないわけで、報道面におけるこの問題と、その結果あらわれた諸現象について、まず以下に記すことにしたい。

われわれは何か批判を受けるとすぐ「実情」という言葉を口にする。中国報道やベトナム報道を批判されれば、その瞬間に返ってくるのは、「実情も知らないで……」とか「当時の実情を無視して……」とかいった言葉であろう。

この言葉はちょうど「あのときの空気……」「当時の空気を知らないで……」とかいったような、一種の「免責的」な意味をこめて口にされるのが普通である。

では、この「実情……」とは一体、何であろうか？　この言葉は明らかに「事実」の意ではない。こちらが、事実を指摘しての批判に対する反論として出てくるのであるから、「実情」という言葉が出てきた瞬間に、資料を揃えての討論は不可能になる。

そして、それを口にする本人にとっては、重要なのは「実情」であっても「事実」ではなく、その主張は「自分は実情に対して正直であったのだ」という主張に等しいのである。となると、少々皮肉な言い方をすれば、「事実への虚偽が実情への正直になる。それが正しいのだ」という主張になる。

否《いな》、これは皮肉ではなく、この主張は徳川時代には厳然として存在するのである。

石田梅岩の「実情正直論」

中国では最近「実事求是《じつじきゅうぜ》」（注：事実の実証に基づいて物事の真理を追求する）がスローガンになっているが、この「実」「事」という言葉と「実」「情」という言葉は、中国でも明らかに違うであろう。したがって、正直を「実情」への正直と解し、それをそのまま報道するのを公正と解するならば、事実の歪曲《わいきょく》が最も公正な報道になる場合があって不思議ではない。

したがって問題の要点は、実情への正直とはいかなる状態を意味するかにかかっている。ここで以下に、石田梅岩《いしだばいがん》（注：江戸時代中期の心学者）の〝実情正直論〟（注：梅岩の『倹約斉家論《けんやくせいかろん》』より）を要約して紹介しよう。

梅岩は常々、正直を第一とすべきことを説いたので、ある人から次のような質問を受けた（以下の引用は現代かなづかいに変えてある）。

「……常にも正直を第一に教えらるるにつき、或《ある》人に答えられし物語一通《ひととお》り聞えたり。汝所存の通り赤裸《あかはだか》と成りても、正直を用ゆる志《こころざし》に候《そうろう》や。しかれば論語に『葉公《しょうこう》孔子に謂《いっ》て曰《いわく》、吾党《わがとう》に躬《み》を直《なお》うする者あり。其《その》父羊を攘《ぬす》む。然《しか》るを子それを証《あらわ》す』とあり。父が悪事にても隠さずあらわすは、ありべかかりの正直なり……汝がいう所もかくす事なく、ありべかかりの正直なれば……真直《まっすぐ》也。……某《それがし》思うは左《さ》にあらず。惣《すべ》て世間の事、汝がいうごとくさっぱりと裸《はだか》には成《なり》がたき所あり、故に孔子も葉公にこたえて曰《のたまわく》、『吾党の直《なお》き者はこれに異なり。父は子の為に隠し、子は父の為に隠す。直き事其中《そのなか》にあり』とのたまえり。汝も我も、同じく儒書を学び、かように相違あるはいかん……」

これは徳川時代にしばしば繰り返されている論争であり、日本の国会における証言が問題になったときも、この「論語・子路篇」が引用されていた。

中国思想の専門家は、この孔子の言葉を、血縁倫理と組織倫理の相違を説いたものとし、この倫理は厳格に「父子」の間に限られていたという。しかし梅岩においては、この問題は次のように解釈されているのである。

「汝は父が悪事を証《あらわ》す悪人を、反《かえっ》て正直者と思い、御神託と同じように見なすは、理に闇《くら》きゆえ是非わかれず。彼が不善を知らんと思わば、実情を知るべし」

と、ここで「実情」という言葉が出てくる。梅岩は、「盗んだ」という事実と、この「実」

「情」をはっきりと分けて考えているのであり、この点「事実」と、「実情」を混同している現代よりも分析的といえる。では実情とは何なのか。

「実情の発《おこ》る処をいわば、ここに人あらんに、その父、人を殺さば、はっと驚くは子の常なり。又父が羊を攘《ぬすみ》しと聞くときも、はっと驚く情発《こころおこ》るは、鏡に物の移り、形に影のそうごとく、間に髪《はつ》をいれず、ここにてなんぞ直不直《ちょくふちょく》を論ぜんや。これ惻隠《そくいん》の情《こころ》（注：痛ましく思う心）にて実情なり」

ここで梅岩が言う「実情」とは、ある事実に対して反射的に起こる「情」――時に惻隠（これを梅岩は「いたみ、いたむ」と註している）の情のことであり、この「実情」に対して、「正直」なことを、彼は正直と定義しているのである。となると、この「実情」への正直が、事実への虚偽になっても、それは虚偽でなく正直なのである。彼は続ける。

「常人《じょうじん》は勝手にひかれ思慮多く、その意《こころ》に思うは、このこと人が知るべきか、定《さだめ》て知るべし。隠し謀《おお》すことはなるまじ。迚《とて》も隠されぬことならば、人にいわれぬ前に我よりいうが罪もかろくて然るべしと思い、父の悪事をあらわすは、己を思う所より、父を捨《すつ》るに至る。不孝ものにて、大悪人なり。汝博学なれども理に闇《くら》きゆえ、思慮と実情分《わかれ》がたく、固《もとより》論語が解《とけ》ぬ所より……笑止なることとなり」

擬制に擬制を重ねる

この伝統的な倫理は実に深く浸透しており、あらゆる面にあらわれているから、報道だけがその例外であれという注文はたいへんむずかしいであろう。この梅岩における問題点は、元来は「血縁の倫理」で、それに限定されていた問題を「実情の倫理」に転換したという点にある。

これは日本の社会が厳密な血縁社会でなく擬制の血縁社会であるため、その範囲をある一定範囲、ときには全日本にまで広げ得るという問題を生ずることである。そしてこの点で、最も大きな問題を社会に投げかけているのが、放送をはじめとする新聞その他のマスコミなのである。

というのは、ある事実に対して「実情が発《おこ》る」という現象は元来きわめて限定されたものであった。たとえそれが、父子という血縁に限定されなくても、人間にとって「実情が発る」範囲は限定されており、いわばその人間が直接に接する範囲に限られていたわけである。簡単にいえば「義理人情」の範囲である。

「義理人情」という言葉は常に否定的に扱われながら、戦後もこれが頑《がん》として社会を律し、さまざまに言いかえられて機能している。これは、本来は血縁でない対象と血縁であるかの如《ごと》き関係を保つ倫理であり、日本が擬制の血縁集団である限り一つのイデオロギーとして人びとを律する。いわば村上泰亮《むらかみやすすけ》・公文俊平《くもんしゅんぺい》・佐《さ》藤誠三郎《とうせいざぶろう》氏の『文明としてのイエ社会』（注：一九七九年、中央公論新社刊）における「間柄主義」であり、これがしばしば「人間的」もしくは「人間中心主義」といった言葉で表現される。

しかし、元来はこれは、擬制の血縁集団内で、「情を感じ得る範囲内」の倫理として機能していたはずである。

ところがマスコミ、それも主として放送、特にテレビは、この擬制の上にさらに擬制を重ねて、「情を感じ得る範囲」を極限まで広げ得る機能を持っているのである。われわれは、今では、まったく見ず知らずの外国人の外国における事件にさえ、「父が羊を攘《ぬす》む」ときに起こす「実情」を起こし得る状態になっている。

そしてこの擬制の擬制である「実情感知」範囲は無限に広げられ、そこに「虚構の実情」を創出し得るのである。そしてその虚構の実情に対する「正直」がそのまま「事実の報道」への虚偽となり得るとともに、受け手もその「正直」を絶対化して、事実の報道を逆に拒否するという状態すら招来し得るのである。

過去の報道を探っていくと、この例はいくらでもある。

現在さまざまな形で批判されているベトナム報道を以上の観点から見ていくと、興味ある問題が浮上する。たとえばソンミ事件（注：ベトナム戦争のときに、米軍の中尉らが、ソンミ村の多くの民間人を殺害した事件）への報道と、ユエにおける北の生き埋め事件（注：ベトナム戦争で当時の北ベトナム側がユエを一時占拠した折、四〇〇人以上の市民を処刑した事件）の報道である。後者はまるで「父羊を攘《ぬす》めば、子これを隠す」かのごとき「実情報道」姿勢が見られ、同時にこれが「事実」として報道されても、人びとはそれを受けつけない状態を現出している。

これは、前記の形により、「虚構の実情」がすでに構成されており、この実情に対する正直が正しい報道とされると、事実の報道は逆に虚偽の報道であるかのように拒否される。しかし報道によって構成された虚構の実情はあくまでも虚構にすぎず、日本人と当時の北ベトナム人の間には、血縁はもちろん、擬制の血縁関係も現実には存在しないから、虚構が崩《くず》れればすべてが崩れ、それはその本来の姿すなわち「他国」に戻るわけである。

そしてその状態になったとき、「虚構の実情への正直」はすべて虚偽と否定され、それらの批判には抗弁の余地も応答の余地もなく、沈黙の対応だけになってしまうわけである。そしてそれへの応答があるとすれば、「当時の実情を考えないでの批判には答えない」といった類の、「当時の空気を知らないで……」と同じような応答があり得るだけであろう。

事実を「受けつけぬ」事態

以上のような観点から「一九八〇年代の放送界」を考えてみれば、問題の所在はすでに明らかであろう。放送、特にテレビという媒体《ばいたい》は「虚構の実情」を創出する能力という点では、新聞にまさっている。と同時に、それを創出することが視聴率を上げるための近道であるかもしれない。いわば「他人事《ひとごと》とは思えない」という感情の創出である。

だが、この感情は虚構に対応している感情だから、すぐに消える。そして消えると、また別の対象を探す。そしてそれを継続しているうちにまず、それを意図する人が、「間に髪をいれぬ」実情への対応を起こさなくなり、同時に人びとがこの虚構を感じてしまうと、なんの反応も起こさない状態が生じてしまうし、生じても不思議ではないのである。

これは新聞の例だが、最近の一例をあげてみよう。朝日の「天声人語」氏が、タイの難民キャンプで奉仕している各国人のことを記している。これを読んだ私の友人は吐きだすように言った。

「サイゴン陥落のとき、ベトナム孤児をアメリカへ運ぼうとして輸送機が墜落するという惨事が起こった。いったい、日本の新聞はこのとき何と書いた。その行為に筆誅《ひっちゅう》を加えたではないか。それが何をいまさら、したり顔で……」と。

この言葉は、決して記事の内容そのものへの批判でもなければ、この難民キャンプで働いている人の奉仕活動に対する否定でもない。新聞の報道態度への批判なのだが、結果としては、その内容への否定的効果を持ってしまう。

そして、この問題をつきつめていけば、新聞はあの時点での虚構の実情へと正直に対応したがゆえに、その虚構の実情が消えるとすべてが「事実への虚偽」と見えるという位置に置かれているということである。

新聞はそれを忘れているか、あるいは覚えていても、それに触れまいとしているのであろう。これがベトナムに極力触れまいとする態度の基本であろうが、そうなると人びとは、それが事実の報道であっても、虚構の実情に対応させられた感情が残っている限り、それを受けつけなくなってしまうのである。そして一九八〇年代はこの「受けつけぬ」という状態がさまざまの面に出てくる時代であろうと思う。

「他者の位置」の確立が必要

そして問題は「実情に対する正直」を、いかにしたら「事実に対する正直」に変え得るかの点にあると思う。過去においてはこの二つが一体化している面があり、それは本多勝一氏の『事実とは何か』（注：一九七一年、未来社刊）に明確に出ている。

こういう見方をすれば、事実とは実情であり、その実情への正直が事実への正しい対応となってしまうがゆえに、日本の伝統の一面がマスコミによって極度に肥大化して、自らがそれに対応できないという状態を現出して不思議ではない。したがって、ここで必要なのは、まず報道する者の純然たる「他者の位置」の確立であると思う。では、「他者の位置」とは何なのか。

言うまでもないが、人間は神のように「不偏不党」「公正中立」の存在ではない。まして、「実情論」のような考え方をすれば、「間に髪をいれず」惻隠の情を感じた相手と一体化して不思議でないし、一体化することが人間的とされ、美徳とされてきた長い伝統を持っているのである。

したがってあくまでも「他者の位置」に立つとすれば、それは自己の思想的立場の確立とその明示以外にないはずである。と同時に、それは自己の立場からする報道であっても、それが、視聴者が自己の感情を移入して「虚構の実情」を構成すべき対象でないことを、明示することが前提であろう。

これは、国際問題などが紛糾して、一つの放送に対してさまざまの点で国外などから掣《せい》肘《ちゅう》がくることが予想される時代においては、ますます強く要請される態度ではないかと思う。一言でいえば「実情無視」であり、自己の位置の主張である。

具体的な例をあげると、私事となって恐縮だが、ＮＨＫ月曜特集「〝聖地〟からの日本人論」へのアラブ十四ヵ国からの抗議に対して、私がとった態度はこの考え方を基《もと》にしている。抗議の基本は要約すれば「エルサレムは三大宗教共通の聖所である」と私が言ったことがよろしくないということである。これはイスラムにとって当然の主張であり、ホメイニ師（注：イランにおけるシーア派の最高指導者）にこの言葉を口にしても同じ答えが返ってきたであろう。いわば、ここはイスラムの聖所であり、他は出ていくべきだと言わぬ限り、抗議はあって当然なのである。

この場合の応答は「以上の私の見方は、三教（神儒仏）合一論以来の日本の伝統的な見方である。イスラム教徒がその伝統にしたがって日本を見る権利が当然あるように、われわれも日本の伝統に基づいて対象を見る権利を持つ。それを否定されるならば、それは日本人と日本の伝統文化の存在を否定することになるが、その抗議は、その意味と受け取ってよろしいか」ということである。

事実、この場合にはこれ以外に対応はあり得ず、これが私の言う「他者の位置」であり、同時に他者の位置の明示である。と同時に、相手もまた「他者の位置」に立つことを認めているわけである。今後ますます、放送において、この位置は強く要請されるであろう。

そしてこれが私の言う「実情」からの脱却であり、放送界への提言である。

新しい伝達方式

「顔文一致」の出現

テレビが人間にどのような影響を与えるかは、まだまだ当分結論の出ない問題とも思えるし、すでに昔に結論が出てしまった問題とも思える。というのは、その影響は単に直接的な面だけでなく、外の媒体《ばいたい》にも影響を与え、われわれが冗談に「テレビ型」と呼ぶ文体や発想をも生みだし、それが活字となって、人びとに影響を与えており、歴史的に見ると、非常におもしろくかつ複雑な面があるからである。

草柳大蔵氏が、「言文一致」をもじって、ある作家の演出的風貌と作品との作為的一致を「顔文一致」と皮肉ったが、これなどはこの複雑な関係を示すおもしろい表現であろう。

そしてこの「顔文一致」は、「文」の意味を広く言葉・思想にまで拡大して考えれば、まさにテレビの特徴といえる。そして人は、まず「顔」によって一定の印象を得、その印象を土台にして「文」すなわちその人の思想に耳を傾ける。その場合、人びとは否応《いやおう》なく、その「顔」と一致させて、その「文」を聞く結果になる。この一面はおそらく、テレビ出現前には、考えられなかった状態である。

人は人に対して、またある情景に対して、「好悪《こうお》」の感情を持つ。この感情は人の判断の重要な因子だが、好悪はもちろん「正邪」とも「当否」とも「義不義」とも関係はない。この誤差は新聞の写真でも起こるが、私自身これについておもしろい経験がある。

ある凶悪犯人が逮捕され、刑事につきそわれて護送されている汽車の中の写真を見て、刑事のほうを犯人と誤認したのである。その犯人は後に「一見、宮様ふう」と新聞に記されていたとおり、まことに上品な風貌《ふうぼう》であり、とうてい凶悪犯人とは思えず、したがって「写真の〝顔〟と記事の〝文〟」が一致せず、反射的に付き添いの刑事のほうを、犯人と見てしまった。

それ以来、こういう写真は注意をして眺めることにしているが、だいたい――まことに失礼な言い方だが――、刑事のほうが油断ならぬ人相をしている場合が多い。

これは、ギャングを演じた名優が同時にＦＢＩを演ずれば重役《おもやく》（注：主《おも》だった役者）になるのと同じ関係であろうが、これはあくまでも「演」であって現実ではない。しかし人は、なんらかの先入観をもとに、「顔」と「文」とを一致させてしまう。そして一致しないときに「文」のほうを「顔」へと曲げてしまう。これが「顔文一致」といわれる状態の原則であろう。

そしてこの状態は、テレビのあらゆる面にあらわれる。テレビは元来まず映像があり、それを説明するものとして言葉が付随している。このことは映像と言葉とが一致するのが当然という状態であって両者の間の乖離《かいり》はないし、あってはならない。

そして、この映像の積み重ねと説明で、一つの「事柄」を視聴者に理解させているが、こういう状態の日常化は、テレビの出現まで存在しなかった（もちろん、日常化でなければ、まったく存在しなかったとはいえないが）。

たとえば、ある事件が起こったとする。その現場に臨在しているのは、当事者と偶然に居あわせた人間だけである。しかしテレビは視聴者のすべてを現場に臨在させた形で、その事柄について説明できるのである。

だがこのことは、人びとが新聞でその記事を読む場合、一種の「顔文一致」で記事を読む結果になる。新聞記者もまたこのテレビを見ていた場合は、一種の相乗作用でこれがさらに決定的になり、読むほうも書くほうも、先行の映像が念頭に置かれ、不知不識《しらずしらず》のうちにこれに作用されている結果になる。

二回にわたる天皇と記者団との会見は、この状態を、はっきりと私に認識させた（注：一九七五年一〇月三一日に、昭和天皇、皇后両陛下は日本記者クラブを中心とする五〇人の記者団と、初の公式記者会見をおこなった。その少し前のご訪米直前にアメリカの雑誌記者などともおこなっていたので「二回」と記されている）。私はこのテレビを、二回とも、見ていない。そして、天皇の記者会見については、その両方を雑誌で論評したが、第一回目はニューズウィーク誌、第二回目は朝日新聞の記事（ただし解説は一切読まず）の本文《テキスト》だけで、これをおこなった。そしてこの二回の論評に対して、それぞれの編集者が言った言葉がおもしろかった。

「山本さん、テレビ御覧になりました？　御覧にならなかったんでしょう」。「顔」すなわちその場の情景をまったく無視して、古文書でも分析するように、両者の問答の本文《テキスト》だけで分析していった論評は、テレビによってその場の「空気」を知っている者には、なんらかの意外感と違和感を与えるらしい。

言葉を人間にたとえるなら、一方は、生きて動いている人間からの総合的印象であり、他方は、活字となって固定してしまったもの、いわば「言葉の遺体」の精密な解剖結果を見せられるような印象だからである。

そしてこの二つの差は、単なる印象の差ではない。一方が「観劇」に基づく一種の劇評なら、もう一つは、台詞《せりふ》に基づく思想分析による問題点の指摘だからである。同時に「観劇」と「本文《テキスト》」というこの二つの思想伝達方法は、古代から人類に併行していた方法であり、起源をさぐれば「顔文一致」のほうがはるかに古く、「顔」と「文」とが分離したのは印刷術の発展以降だといっても過言ではないからである。

その意味では、テレビとテレビの発展にうながされた「顔文一致」方式による文字伝達は、一種の「先祖返り」であって、それが引き起こす状態の「予型」は、印刷術の発展以前にあった。

これが最初に「すでに昔に結論が出てしまった問題」と記した理由である。そしてこちらの方法こそ、人類の始原から近代以前まで続いた大量伝達方式であった。太古の粘土板文書からパピルス、羊皮紙《ようひし》までの時代には、文字すなわち言葉だけによる伝達は、現代のテレビ局内の謄写刷り《とうしゃず》（注：パソコンやコピーが一般的でなかったこの文章の執筆当時は、手書きの原稿を謄写版で印刷していた）のシナリオに等しい位置にあり、大量伝達の手段ではなかったからである。

四千年前から保持されてきたこと

文書と祭儀の関係を示す、祭儀的伝達の最古の記録は、ニネヴェ（注：古代メソポタミアの都市）のアシュルバニパル王図書館の「新春祭儀」の記録を見ればわかる。これはある意味では人類最初の「大量伝達」の記録と思われるので、以下に詳しく説明しよう。

この祭儀は前後十二日間にわたっておこなわれるが、以上の関係が出てくるのは第四日から第七日までなので、その間だけを記すことにする（神名の解説は省く）。

第四日　大祭司は日の出の三時間半ぐらい前に起きて、ベル神とベルテイス神の前に出て

「手をあげて祈り」をささげ、王の長寿と国の繁栄を祈る。それから王の手をとって神前につれて行く。そして中庭に出て北を向き、牡羊座（春の象徴）の上るのを待って、それが上ると大祭司は三度「牡羊、エサギラ、天と地とを象《かたど》るものよ」という聖歌を歌う。

以後はふつうの日の勤めをおこない、夕刻に、有名な叙事詩「エヌマ・エリシュ」を詠唱する。これは、いわば密室での行事であり、ここで登場する「エヌマ・エリシュ」は、バビロニアの天地創造主であって、これが彼らの「読む」である。

しかし、この場合の「読む」は、それによってこの文章の内容を「大量伝達」しようというわけではない。

第五日　この日も大祭司は未明に起きて、マルドゥクとサルパニトゥの二神に長い祈禱《きとう》をささげ、ついで昼間の日常の勤めにうつり、それがすむと特別の潔《きよ》めの儀式がおこなわれる。まず妖術師が水をエサギラ神殿に注ぎ、門柱に糸杉の油を塗り香を焚《た》く。それから屠殺者《とさつしゃ》に命じて羊の首を切り、その血を神殿の壁に塗る――この儀式の一部は、象徴化された形でユダヤ教の過越祭《すぎこしさい》に残っている――。ついで二人の祭司が殺された羊を持ってユーフラテス川を下り、西のほうの砂漠に向かって羊の首と胴を川に投げこむ。この二祭司は砂漠に入っていき、祭がすむまでそこに留る。これは不浄《ふじょう》の追放の儀式であろう。

一方、他の祭司たちは本神マルドゥクに朝の神饌《しんせん》（注：神に供《そな》える酒食）を供え、王のために祈る。このときは、王がまだ王なのである。ついで祭司たちは、王とともにマルドゥクの神像のある聖所に近づき、最奥の内陣にまず王が一人で入る。ついで大祭司が入り、儀式的な退位がおこなわれる。すなわち王の身についていた王の表象をすべて取り去り、王服を脱がせて神前に置く。

そうしておいて大祭司は王の頬を打ち、耳をひっぱり、跪《ひざまず》かせて次のような「否認の宣誓」をおこなわせる。――私は敬神を怠《おこた》らず、町に洪水を来たらせず、祭を忘れず、民を虐《しいた》げず、国の守りをゆるがせにせず等々。聞き終わると、大祭司はもう一度王の頬を打ち、涙がその頬を流れるのを見て、はじめて王に慰めの言葉をかける。

そして王の祈りを聴《き》き、再び王服を着せ、あらゆる表象をつけさせ、王冠をつけさせ、治世の繁栄と敵の滅亡を祝う――いわばここで象徴的に、秩序《コスモス》の更新がおこなわれ、神話的戦いの象徴的勝利が宣言されるわけである。ついで夕方、牡牛座が上るのを待って、「暗きを照らす大いなる光、神の牡牛」という聖歌を歌う。これで第五日が終わる。

第六日　この日は、あらゆる所の守護神がバビロンに到着し、主神マルドゥクを先頭に神々の行進の祭儀がおこなわれる。

第七日以降は、粘土板の欠如で細部はわからないが、他の資料から「エヌマ・エリシュ」における秩序の成立を劇として上演する祭儀劇がおこなわれ、王がマルドゥク神に扮して、混沌の怪物ティアマトを退治する。

以上は、いわば「天地創造神話」の再演であり、これによって神話に内包されている思想の大量伝達をおこない、それによって、秩序維持の統治がおこなわれているわけである。言うまでもないが、いずれの時代であれ統治は、武力による威嚇《いかく》ないしは弾圧だけでおこない得ることではなく、なんらかの「思想的統合」を必要とするからである。

以上は今から四千年ほど前の祭儀である。この古代の祭儀を長々と記したのはほかでもない。この方式が実は、宗教改革・印刷術の始まるまで、いわば一五二〇年まで続いた人類の大部分における大量伝達方式、いわば「古代のテレビ的・顔文一致伝達方式」だからである。以上の祭儀は、ギリシャ・ローマの祭儀神にミトラス教を通じて、また旧新約聖書を通じて西欧に受けつがれ、その伝統をひくと思われるものがイギリスの戴冠式《たいかんしき》にもミサにもあることは、多くの祭儀学者が指摘している。

もちろんそれだけでなく、中世から現在まで続くキリスト教の聖劇・生誕劇・復活祭における民族的祭儀も、この古代の祭儀の系統に属すると思われるものが多い。だが、今ここで問題にしたいのはそういった細部でなく、この方式が、わずか五百年前までは、人類が持っていた唯一の大量伝達方式だという点である。

その関係は、民衆から隔絶された聖所で「エヌマ・エリシュ」がシナリオのごとく読まれ、王が王としての役割を一応解かれて後にまた王の役につけられ、ついで民衆の前で「エヌマ・エリシュ」の主役を演じてその思想を共有させることによって同一秩序化の中で統治をおこなう、という方式である。

この点では中世も変わらず、ウルガタ（ラテン語訳聖書）を読めるのは僧院という聖所内の人びとだけであり、これを思想として大量伝達するには、ミサや儀式、聖劇、ページェントという方式がとられているのである。もちろん、テレビのニュース解説にも似た、説教もあった。

しゃれや冗談のうまい人気のあるタレント的僧侶の下に聴衆が殺到したことは、メリメ（注：『カルメン』で知られるフランスの作家）が『シャルル九世年代記』（注：岩波文庫）で生き生きと記しており、今の「人気番組」を思わせる。そして「読む」はあくまでも聖所内のこととされてきた。

これがいわば、人類が数千年にわたって保持してきた一種の「顔文一致」の伝達方式であり、前述のように、テレビ時代の「予型」ともいい得るであろう。

超大量画一伝達方式時代へ突入

この状態は、民族により文化圏により非常に差があるとはいえ、基本的には共通した状態である。そこから人類のほんの一部がいわば「読み書き時代」に入るわけだが、人類の大部分は、この状態からそのままに、新しい「この状態の拡大化時代」、すなわちテレビ時代に突入してしまうのである。簡単にいってしまえば、文盲＋《プラス》テレビ・ラジオ時代である。

テレビ時代が、児童の文章力を低め、同時に「言語による思考力の長期維持能力」を低めるであろうこと、いわば新しいタイプの文盲を生みだすかもしれぬという危惧《きぐ》ないしは、それが生みだす状態への危惧は、最近、内外の雑誌に散見しはじめたが、この状態は、文盲時代からテレビ・ラジオへ突入した人びとを見れば、ある程度の予測はつく。

だいぶ前だが「トランジスタラジオを持つベドウィン――四千年前と変わったのは日本製のこのラジオだけ」というおもしろい記事がイスラエルの雑誌に載っていた。いわば生活の仕方も環境も一切無変化で、文字を読むという訓練も習慣も皆無《かいむ》の人びとが、トランジスタラジオの発明によって、いきなり、遠い声を聞く結果になった状態への分析である。その結論は、一言でいえば、その声に完全に支配されて、その声のままに一切無批判に誘導される状態を示している。

これは、文盲率の非常に高い国におけるテレビの作用をそのまま予感しているであろう。いわば、いままでの経験的な祭儀的・同一儀礼的「大量伝達」の受容がそのまま機械化され拡大化された状態であって、その放映の内容がいかに〝進歩的〟であっても、実際に招来するものは、「本文《テキスト》による分析」によって思想を獲得するという能力が民衆にまったく欠如した状態、すなわち中世の延長ないしは新しい中世を招来するにすぎないことを示している。

以上のことは、ある民族の民衆は不幸にも「文字のみ」の時代を実質的に持ちえず、祭儀方式による伝達の時代からそのまま、新しい形の祭儀方式による超大量画一化伝達方式の時代へ、それと併行する別方法を持ち得ないまま突入してしまうことを示す。

人類の大多数に対する、そういう方式に基づく〝近代化〟がどのような結果を招来するか、それはわからないが、想像力を働かせれば何やら恐怖すべき状態をも招来しそうに思われる。だが実をいうと、われわれも、その状態に無縁ではない。否、もっとひどい状態になり得る。

活字が果たした役割

「プロテスタンティズムと資本主義」というマックス・ヴェーバー（注：ドイツの社会学者）の言葉を、「活字文化と資本主義」と置きかえてみよう（日本にはプロテスタンティズムはないから）。

ルターの宗教改革の原動力になったものが彼の聖書翻訳と、新しい印刷技術に基づく「四《し》十二行聖書《じゅうにぎょう》」（注：ドイツのグーテンベルクが、一四五五年頃に世界史上はじめて活版印刷を使って世に出した聖書。各ページ二段組みで、一段は大半が四二行なので、この名がある）の普及であったこと、同時に明治に非常によく似た天皇制の活字化があったことは言うまでもない。そして前者は、最も広い意味の祭儀的伝達方式によって形成された「キリスト教」なるものを、その祭儀的伝達の基礎となっている本文《テキスト》の公開によって、批判したわけである。いわば千五百年にわたって形成され蓄積された祭儀的伝達の成果は、その本文《テキスト》と違っているといった指摘に基づくその権威否定、自己の説は聖書の本文《テキスト》に基づくと主張する自己の権威の確立である。

バビロニアを例にとれば、「エヌマ・エリシュ」を持って観客の前に立ち、王の演技に対して「この点が違う、ここが違う」と指摘したに等しい行為である。そしてこの「活字に基づく」は、近代的批判と批判の基礎となる権威の基礎であった。

したがって、その行為は、それが外面的に成功するにせよ失敗するにせよ、文字による直接の大量伝達が、祭儀のみによる直接の大量伝達方式を打破したことは否定できない。

そのことは、以後、カトリック側も文字により大量伝達方式を大々的に採用しているからである。と同時にそれは、印刷という当時の最高の大量伝達方式を採用して、祭儀ないし連続的聖劇、伝道用宗教劇の活字化をも生みだし、それがベストセラーになるという状態を生みだした。

典型的なものをあげればジョン・バニヤン（一六二八―八八）の『天路歴程』であり、これは超ベストセラーで、記録に残っている発行当時の部数だけで十万部である。当時の出版事情を考えれば、天文学的数字のベストセラーであろう。

したがってこの祭儀的表現と活字の関係も、必ずしも単純には割り切れないが、しかし、「活字という文字」のみによる伝達が、近代的合理主義の一つの基礎であったことは否定できない。いわば論理的分析に耐え得ぬものは、不適格として伝達を拒否され、排除されていくという傾向である。

もちろんこれは、古代においても、パピルスの巻物や写本《コーデックス》を持ち得る少数者には可能であり、それが近代の基礎を形成したことは否定できないが、社会全体にその合理性を浸透させることは印刷物なしでは不可能であった。そして近代社会はその〝合理性的範囲〟を徐々に広げ、ついに祭儀的伝達を、一つの例外的特殊部門にまで追いつめてしまった。

残された伝統的祭儀の多くも、すでに一種の博物館的存在として「生ける化石」のごとくに取り扱われ、そういう面でだけ価値を認められていることは否定できない。また人がそれに感動する場合は、合理的伝達にない、忘れられた一種の情動的伝達を見て感激するのであって、その祭儀が伝達しようとする内容を、そのまま受けとっているわけではない。そしてこれが近代的合理主義の一つの到達点である。

この点、イギリスの戴冠式におもしろい例がある。女王の宣誓の中で、カンタベリー大僧正の「あなたはイギリスを統治するか」という問いに答えて「統治します」と答える場面がある。

この宣誓は明らかに「君臨すれども統治せず」に違反しているが、それを問題にするイギリス人はいない（日本なら、少々疑問だが）。このことは、すでに、祭儀はその中で発せられる言葉すらその真の伝達能力を失い、祭儀が別の評価を受けていることを示している。

と同時にイギリスは、下院の本会議にテレビを入れない。このことは、言論は言論のみで判断すべきで、「顔文一致」的なることは拒否する姿勢であろう。この二つは、ともに合理主義なるもののあり方を示している。

だがしかし、以上のことは、新しい祭儀的伝達の発生を否定はしない。人間における儀礼的要素と、それに基づくなんらかの伝達は否定できない一要素として存在する。文書を新聞社に送るなら、どんな状態でこれを書いてもよいが、公式の記者会見、さらにそれがテレビに映るとなれば、人は、寝ころがってこれに応じて「私の言葉を文脈によって分析してくれれば、それで充分だ」というわけにはいかない。

儀礼の文法違反に基づく過誤は、その言葉の文法違反に基づく文脈への誤解と同じ誤解を生ずることは、「事実の問題」として厳存する。したがって、最初に記したように「天皇の記者会見」のテレビを見るということと、「天皇の記者会見の本文《テキスト》を分析する」ということは、それぞれ独立した別の作業となって当然なのである。

テレビ化した活字伝達

以上、大量伝達における祭儀的伝達の諸要素について長々と述べてきた。理由は、人びとが人類を長い間支配してきたこの伝達方式を忘れ、それがどのような影響を及ぼしてきたのかも忘れて、テレビの出現を、人類がいままで経験しなかった新しい経験のごとくに受けとっているからである。

しかし実際は「活字に基づく文字による大量伝達」のほうがはるかに歴史が浅く、したがってきわめて崩壊しやすいはずである。そしてこの崩壊しやすい活字伝達とテレビとの関係を、どのように調整すべきかが、むしろ、現在問われている問題だと私は考える。

両者の併存は非常にむずかしい。ということは必ずしも活字が駆逐されるということではない。この「活字駆逐」的予想はテレビの創生期にはあったが、出版界では今では逆に、テレビが活字を普及させ、新しい出版分野――たとえば「平凡」「明星」（注：昭和の二大芸能誌）といった――を創出したという〝評価〟が一般的である。

純営業的に見れば、まさにそのとおりだが、それは、「活字のテレビ化」いわば広い意味の「顔文一致体」を生みだした、そして、それが活字の特徴である非合理性の排除を希薄にした、という点では、ある種の「内容的駆逐」を招来した。これは否定できない。そしてそれが最も強くあらわれているのが、新聞記事のテレビ化である。

これはあらゆる面に出てきて、年を追って甚《はなは》だしくなっていると思われる。前述の「天皇の記者会見」でも、天皇の言葉の論理的矛盾を文脈を追って検討するという態度が皆無なら、質問の仕方までテレビ的である。

しかし、もっと人びとの記憶が新しい事件を取りあげればスト権スト（注：１０３ページ参照）に対する報道の仕方である。その報道は、一言でいえばテレビの画面の活字化にすぎない。

これは、文藝春秋誌の新聞批判でも取りあげたので、一部重複する面があるが、新聞は、「活字でなければ捉え得ない部分」を捉えて、論理的分析によらねば報道し得ない部分を予《あらかじ》め報道しておくべきだという意識が、今の新聞には皆無なことを示しているのである。いわゆる「町の声」とか顔写真入りの「識者の声」などは、テレビのほうが「顔文一致」で如実《にょじつ》に伝えることができる。その集積の一定の方針に基づく取捨編集による大量掲載は、まさに「活字による祭儀的伝達」のような形になっている。

ところがこれらの意見や声というのが、実は「文字による文脈を追っての、完全に分析された国鉄の実態」を基にした意見でもなければ声でもないのである。したがって、報道の前半に出た意見はすべて誤りだといえる。

私はこれに対してまず、わが国の総輸送機構における国鉄の位置と、その変遷《へんせん》を、あらゆる資料を分析して完全に明らかにし、その上で人びとの意見を聞かない限り、正しい意見を求めることが不可能なことを指摘した。同時に、その棒グラフ的図表をどのように作成したら最もわかりやすいかも示した。

確かに意見を収録することも必要である。だがそれが時には、人びとがどれだけ国鉄なるものを誤認しているかを示す証拠とはなり得ても、その意見の集積がそのまま国鉄の実態を示すこととはならないはずである。

こういう場合、人びとが一つの意見を吐いたという事実を、その事実のまま正確に伝達するには確かにテレビの「顔文一致」方式がすぐれており、この点では活字は競争できない。そして、その時点で、その場所の民衆の置かれた状態をそのまま映像で報道することも、それはそれとして価値がある。だがそのことは、その状態に置かれた人びとが、国鉄なるものの実態を正しく把握して意見を述べているということではなく、したがって「ストそのものの報道」ではないのである。

問題はこの点にあるのであって、報道がこの一面だけでなく、「活字」と「映像」がまったくその位置を異にして別々の方向、すなわち二方向からの同一対象への標定となり得るならば、それが標定した交点の座標に、対象の実態があると考え得るであろう。

そしてそれが実現すれば、最も好ましい報道形態ができあがるのではないかと思われる。だがこれがおこなわれずに活字のテレビ化がおこなわれれば、それは、「活字文化を持たずに一挙にテレビ時代に突入した」民族が迎えるであろう状態よりも、もっと始末の悪い状態を現出するのでないかと思われる。

というのは、映像による伝達には大きな限界がある。いわば臨在感的把握に基づく誤認であって、これを避けることはできない。

このことは、極端な例をあげれば誰にでもわかることで、もし死刑の現場を放映したら、その被処刑者がどのような凶悪犯人であっても、人はその被処刑者に無条件で同情するであろう。まして、私のように刑事を犯人と誤認する人間なら、執行人のほうが極悪人に見えるかもしれない。これが防ぎ得ないことは、戦場の場面でもまったく同じである。

一方、これがただ活字だけで報道され、その犯人が処刑されるに至った実情を正確に活字で報道した文章だけを読んだなら、人びとの受けとり方はまったく違ったものであろう。しかしもし、この報道が以上のような形をとらず、まったくテレビと同様な描写にのみ限定されるなら、これは映像による受けとり方を増幅するにすぎず、さらにそれがもっぱら人びとの情緒にのみ作用する扇動的《せんどうてき》文章であったら、人びとの冷静な判断を誤らすに充分であろう。

そしてもし、映像による伝達と同質でそれよりも強い印象を与えようと記者が意図するなら、それは否応なしに、刺激に満ちた誇大な表現とならざるを得ず、「顔文」両者による増幅は、時には危機的状態すら招来する。

これが「活字文化を持たず……」と記した理由だが、そういう民族はこの増幅がないだけでなく、祭儀的伝達の限界を伝統的に知悉《ちしつ》していると思われるからである。この点でベトナム報道は、現在の時点で、もう一度検討する必要があるだろう。

以上はもちろん、死刑廃止・戦争否定という問題を別にした例示にすぎないが、残念ながら、あらゆる点において、以上と同じ現象があまりに多すぎるといわねばならない。そしてこの状態からどのように脱却すべきかは、われわれに課せられた一つの歴史的宿題とも思われる。

そして私はこの問題についての、テレビの側からの活発な「活字の側」への批判がほしいと思う――「それは映像的伝達の分野だ、活字はあくまでも活字的伝達の分野を掘りさげ、映像では伝達不能の〝本質〟を文脈から分析抽出して報道せよ」――といったことを、個々の具体的事例を取りあげて、批判してほしいと思う。

テレビを批判する文章までがテレビ化していては、もう何をかいわんやという気分にさそわれるからである。

新聞はもう「情報」たり得ない

「中立・不偏不党」という虚構

近頃の新聞の予測は、少々不思議と思うほど、あたらない。解散（注：一九八〇年五月一九日の衆議院解散。ハプニング解散といわれた）は予測できず、自民圧勝は予測できず、鈴木《すずき》善幸《ぜんこう》首相の出現（注：選挙期間中に大平正芳《おおひらまさよし》首相が急死し首相に就任）も予測できなかった。

新聞だからこれでも平然としていられるのであろうが、出版社が、ひきつづき三点も予測を誤ったらたいへんである。今回も「連合の時代」とか「中曾根康弘《なかそねやすひろ》伝」とかを企画して、それぞれの事態の出現と同時に発売しようなどとしていたら、倒産の引き金になりかねなかった。これは他の企業でも同じであろう。こうなると、「宅配」に依存している新聞は、呑《のん》気《き》な稼業と言わざるを得ない。

充分に調査できるはずの国内ですらこの有様だから、諸外国に関する情報の確度に至っては、まことに心細いと言わざるを得ない。

こうなると、情報を新聞にたよって判断を下すことは、きわめて危険であろう。

なぜ、こういう状態を生ずるのであろうか。これはおそらく、新聞が「公正中立・不偏不党」という虚構の位置に身を置いているからである。「虚構」といったのは、民主主義の社会では、すべての人間はなんらかの政治的立場に身を置くのが当然であり、その立場から、将来こうあってほしいという願望を持つのもまた当然だからである。そして、新聞だけがその例外であることは、あり得ない。

それゆえ、新聞はその立場からある種の願望を持って当然なのである。もし、自民が敗れて連合の時代がこなければならぬという政治的願望を持つなら、はっきりそれを宣言し、その政党もしくは政党群を明確に支持しなければおかしい。

ところが、わが国の新聞はそれをせず、「保革逆転」とか「連合の時代」とかいったスローガンを、まるで自己の立場とは無関係のように打ちだす。

そしてその記事を仔細《しさい》に調べていくと、明らかにスローガンのほうへ読者を誘導しようという底意が感じられる。だがこれは、報道という面から考えれば、自分自身が、きわめて危険な状態に陥《おちい》るということである。

というのは、それによってまず起こるのは自己暗示であり、客観的事実と自己の願望との区別がつかなくなり、事態への判断を誤るからである。

暗示による誘導

さらに危険な点は、その情報の受け手も同じ暗示にかかりやすいことである。今回の選挙結果は、「ひょっとしたら、連合政権が……」という暗示が、自民党の投票予備軍を大量に引きだした産物であろう。

とすると、自民大勝という、予測の逆転もまた報道による暗示が大きく作用したことになり、新聞の願望とは違った結果になったとはいえ、その作用はきわめて大きかったと言わなければなるまい。

これは危険な状態であり、いつわれわれは、新聞から不知不識のうちに与えられている暗示の、逆転現象に遭遇しないとも限らない。そこでわれわれは常に、アメリカに関して何か暗示にかかっていないか、ソビエトに関して何か暗示にかかっていないか、あるいはまた、中東に関して何か暗示にかかっていないかと、自戒していなければならないであろう。

というのは、もう一度言うが、自由に取材できる国内問題ですら、このように判断を誤っていては、諸外国に関する新聞の判断などは、とうてい信用できないからである。

まことに狭くなった今の世界に身を置けば、世界がこうあってほしいという願望は各人にもあって不思議ではない。ある者は、自由世界がさらに強くなってほしいと望み、あるものは共産圏がさらに強くなってほしいと望んでいるであろう。

この中にあって新聞が、この地球上にいながら、公正中立・不偏不党であることは不可能のはず。やはり内心では、こうあってほしいという願望があるであろう。これまた、あって当然なのである。

しかし、新聞はそれを明言しない。そのため、世界情勢への新聞の願望に不知不識のうちに誘導されているのか、それとも情報を提供されているのかわからない、という状態になる。

このことは、ベトナム報道にも中国報道にもあったが、中東報道にもあり、現地にいると、新聞の願望にそぐわない情報は、ほとんどすべて捨象《しゃしょう》されていることに気づく。だが、彼らは日本の新聞は読まないから、それによって誘導された日本人の反応が、その方面の専門家にはまったく理解できない、という結果になっている。

情報提供とは判断の材料を示すこと

中東問題・石油問題（というよりペルシア湾問題）の専門家モルデハイ・アビル氏の話を聞く機会があった。氏は、カーターともリーガン（注：カーターは当時のアメリカ大統領。リーガンは次のレーガン大統領のこと）とも親しく、いわば大統領の私的中東顧問のような立場にいるらしい。当然にイラン問題への質問が出たが、その最初の答えの冒頭の言葉に私は驚いた。

「ペルシア湾に自由世界の石油総埋蔵量の五〇パーセントがあることは事実だが、イラン側には六パーセントしかない……」

私自身このことを聞くのははじめてであり、今まで新聞で報道されたとは思えない。第一、これは、国民の常識にはなっていない。

イラン側は正確な埋蔵量を発表していないが、アメリカは現地に技術者がいるから、それを通じて正確な埋蔵量を知っている。そしてこの数字は、もはや秘密でもなんでもないのである。しかし日本は、パーレビ帝（注：イラン最後の皇帝）の、一日最高六〇〇万バレルという政策に引っかかって、サウジに次ぐ〝第二の石油大国〟と、今なお誤認しているのである。

一日六〇〇万バレルは実際問題として無理で、たとえ革命がなくても、一、二年後には大減産となるはずだった。パーレビ帝はそれを知っていたがゆえに、あのような無理をして、世界が誤認している間に、急速に近代化を進めようとした。それが裏目に出た、という。これが正確に報道され、国民の常識になっていたら、イラン石化（注：日本・イラン合弁事業として一九七三年にスタートした〝ペルシア湾岸に一大石油コンビナートを建設する計画〟。イラン革命などで中断が続いた）への政府の対応も違ったものとなっていたであろう。

と同時に、これで、アメリカがなぜイランを見捨てたかもわかる。わずか六パーセントに深入りする者はいない。また氏は、留保づきだが、ソビエトも動くまい、という判断を下した。自由世界の五〇パーセントなら触手を伸ばすであろうが、六パーセントではあまりに冒険にすぎ、魅力がないということである。

このほかにも、以上と同じような「あれ……」と思う多くの話を聞いたが、それを話す氏の態度はまことに淡々としており、まさに「正確な情報を伝えます」であっても、そこには願望も誘導も一切なかった。情報を提供するとは、まず、このように判断の基本となるものを提供することであろう。

だがそれは、国内問題でも国際問題でも、新聞に期待することはむずかしい。各人は常に、別のルートからの情報を入手する方法を考えねばならない。というのは、どんな企業でも今では、なんらかの形で世界と連関しているからである。

終章　活字文化の生き残り策

「新聞信者」の転向

私の記憶ではほんの四年くらい前（注：一九七二年頃）までは、新聞批判はタブーであった。保守反動政権の中で日本の民主主義を守っているのは新聞だけ、そして新聞の権威が確立しているがゆえに〝軍国主義化〟も〝逆コース〟も阻止され、個人の人権も平和も平和憲法も守られている。故に新聞は聖域であり、その権威には手を触れてはならず、その記事や論説に疑いを持つことは許されなかった。

今にしてみればまことに奇妙で、こう書くと「なんと大げさな」と人は思うかもしれない。だが当時は新聞を批判すること自体が非常識で、そのことは、新聞批判に対して、新聞社は「相手にせず」と黙殺していてもその新聞の読者から必ず激烈な抗議の手紙が来たし、「朝日を批判する保守反動の手先」「ベトナム報道・中国報道を虚報だという米帝の犬」といった趣旨の匿名の罵倒《ばとう》の葉書も来た。

また高校生に、特定の記者を中心に「新聞を守る会」的な私的グループもあったらしく、ガリ版刷り（注：202ページに注記の謄写版刷り）の〝新聞〟で、「殺す側に立つ者に死を」といったバクダンでも投げこまれそうな物騒な論説を掲げ、抗議文を添えて送ってきたこともあった。

また地方の婦人から「大新聞批判などという大それたことをすると、日本に住んでいられなくなりますよ」といった親切な忠告の長距離電話をもらったこともあった。新聞に「タテをつく」（とこの人は言ったが）人間の出現は、この人にとっては、考えられぬ非常識な事態の出現で、生まれてはじめての異変だったらしい。

当時の抗議文や手紙を読み返し、こういった電話を思い起こすと、なにやら懐《なつ》かしい気もする。と同時に、これらの「新聞信者」は、わずか数年でどこに消えてしまったのだろうと少々奇異な気持ちがするとともに、この時代はもう永久に返ってこないであろうと思う。

なぜであろうか。大きく見れば、それは後述するように「ソラ・スクリプテュラ（通常「聖書のみ」と訳すが字義どおりには「書き記されたもののみ」の意味）の時代」という人類の一時期の終わりであり、映像的伝達が大量伝達の主力となった時期が、すでに再来したということであろう。

この新しい時代は、新聞人・出版人を含めた広い意味の「活字人」が、それを肯定しようと否定しようと、すでに来たのである。「書き記されたもの」が、その内容を問わず「書き記され活字化された」というだけで、またそれが「伝統的権威者的表現と断定的口調」を駆使しているというだけで、一種の権威のごとく通用する時代は去り、逆に「かく見える」という映像的伝達を不可謬《ふかびゅう》のごとく人が信ずる時代が来たのであろう。

それは活字離れという点で、〝新文盲時代〟ともいえる時代、ある意味において「新聞が権威」の時代より恐ろしい時代の再来であり、そしてその第一歩が、新聞を権威と信じてその言葉に拝跪《はいき》していた「新聞信者」の、急激な転向となってあらわれたのであろう。そして私も活字人なので、どのような激烈な罵倒が来ようと、やはり「書かれたもののみ」の時代が懐かしいのかもしれぬ。

かつて御隠居《ごいんきょ》とは日向《ひなた》にすわって一日がかりで「新聞をすみからすみまで読む」存在であり、新聞を読みながら朝食をとるサラリーマンとその妻の小トラブルは漫画の好題材であった。だがこれらはすでに過ぎ去った「風俗」であり、今では一日五時間を映像的伝達の前で過ごす主婦も、活字的伝達には十数分しか割《さ》かないという。

これは単に統計の詐術《さじゅつ》とはいえない。新聞の第一面を書籍広告まで含めて全部読もうとすると、私のような読むことが職業の人間でも最小限二十分は必要である。朝夕刊あわせて十数分で読むということは、どれだけ大冊《たいさつ》の新聞が配達されても、その中の「二分の一面」ずつ以下しか読んでいないということである。

この計算でいくと、全新聞朝夕刊三十二ページを本気で読むと十時間ぐらいになる。広告紙面を除けば五時間前後であろうか？　とするとかつて御隠居が新聞をすみからすみまで読んだ時間とテレビの前に主婦がすわっている時間は、案外同じなのかもしれない。

そして、前述の十数分を、なんらかの方法で「事実は二倍以上」と修正したところで、朝夕刊各一ページが限度だということである。ということは、新聞の大部分のページは読まれていないということであろう。宅配と習慣性で部数を維持することは可能であっても、「読む時間」の減少をこれによって防ぐことはできない。

「ロッキード報道」が実際には社会に影響を与え得なかったと嘆く記者の話を聞いたが、これは「部数」を「すべて読まれた」とする虚構に基づく本人の錯覚にすぎないであろう。真に考えるべき問題は「配達された新聞からの新聞離れ」という現象であり、その実情は、これがさらに進んで十分以下になった状態で宅配が崩壊したとき、いままで隠されていた実体が明らかになるという形で、一気に表面化するであろうと思う。

そしてその時は決して、遠くあるまい。というのは、最近主婦たちに新聞への印象を聞いたところ、なによりも驚いたのが、その第一声がほぼ共通して「すぐたまるでしょ、狭いアパートじゃ、あれ困るんです」だったことである。

なんという批評であろうか。そういう印象を持っている対象によって、人が動かされることは、あり得ないのである。

私への抗議の手紙

おそらく以上のような背景のためと思うが、現在の新聞批判は少々「のれんに腕押し」の感がある。新聞批判を神聖冒瀆《ぼうとく》のごとくに怒る抗議の手紙など、一通も来てくれないからである。

発言は常に、それが意味なき罵詈《ばり》讒謗《ざんぼう》を受けたときにのみ意義があり、皆がみな「そうだ、そうだ、そのとおりだ」と賛成してくれるならその発言はすでに常識であり通念であって、その意味ではわざわざ発言する社会的意義を失っている証拠と言わねばなるまい。

したがってその方面では沈黙して、他に専念するほうが意義があるかもしれない。と思うと三、四年前を思い出して、この活字的伝達の凋落《ちょうらく》ぶりが少々さびしかったが、「投書」を取りあげたとき相当に激烈な抗議が来たので、少し元気を取り戻した。もちろん無意味な罵詈もあったが、その中に自分の投書のどこが筋が通らないのか、といった内容のものが、趣旨は多少違うが二通あった。

この二通にはそれぞれ直接に返事を書いたが、その両方の要旨をまとめて書けば、(一)言葉の辻褄《つじつま》では一見、筋が通っているように見えても、それが現実的基礎を欠く議論では、所詮《しょせん》「政治的空想」の論理化にすぎない。

(二) 筋が通っていても空想は空想にすぎず、あなたの投書原稿を読んで、内心でそう思っていない新聞人特に政治部記者がいると私は信じない、それは新聞一面の政治記事とあなたの投書の論旨を御自分で対比すれば自明のはずである。
(三) 今回はその点を問題にしたわけではないが、御手紙と関連してここで問題としたい点は、内心で空想と思いつつこれを現実的提言のごとくに取りあげている編集者の態度である。
(四) 私は、これは編集者が「絶対にやってはならないことだ」と信じている。というのはもしそれをしてよいなら編集者はあらゆる送稿を、「これは空想だな」と内心思いつつも、なんらかの意図から「事実」としてそれを活字にしてよいことになるからである。
(五) 編集者はあくまでも「読者の代理人」であっても「著者、筆者の代理人」ではない。したがって、著名人の原稿であれ、自社の記者の原稿であれ、無名読者の送稿であれ、それを活字にするかしないかは編集者の権限（すなわち編集権）で同時にそれは読者にのみ責任を負う権限であって、「活字化」は筆者の責任ではなく、筆者はこれに関係ない。著者・筆者は何を書こうと自由である。またニュースソースの秘匿《ひとく》もこの点から私は当然のことと考えている。

というのは、それを活字にするかしないかは一に読者の代理人である編集者の判断であり、編集者はその権限に基づいて自分が納得できないか無価値と考えた原稿はボツにできるし、不審な点をチェックして筆者に説明を求め、納得できるまで加筆・訂正を求め、それが完了した上ではじめてこれを活字にするという権限と義務を持つからである。したがって私が問題にしたのは編集権・編集者の問題である、と。

日本では編集権が法的にも確立されていないのは事実だが、私自身本業は編集者なので、その前にまず編集者が自己の権利と責任をはっきり自覚し、そのためには著者・筆者と衝突して少しもかまわないが、絶対に野合《やごう》してはならないと考えている。ということは、端的にいえば、いかなることがあっても、内心では空想と思いつつ現実的提言のごとく報じてはならず、また事実でないと思いつつ事実と報じてはならないということである。

といっても、ワンマン出版屋ならともかく、大新聞社では、この権限の行使は実際には制限されているであろう。だが投書には編集者はその編集権を百パーセント行使できると思う。したがって、そこに本当の素顔が出ているると言えるのかもしれぬ。確かに人間は過《あやま》ちをおかす。いかなる編集者とて過ちはあるであろう。それは私とて例外ではない。人間は確かに過ちをおかすが、同時にこれを訂正する能力を持つ。

私自身最近「月曜評論」から相当にきびしい批判と指摘を受けたが、よく調べてこれが私の間違いなら、私はいつでもこれを訂正する。人間は無謬《むびゅう》ではあり得ない。しかしそのこと、自分がその内容を空想と思っている原稿、あるいは「どうもおかしい」と思っている原稿を、現実的提言や正しい論証のごとくに採りあげて活字にすることとは同じではない。そこで私は二人の手紙の主に、自らが書かれたものを「政治的空想」と思うか思わないかを暗に問うた。

二人の返事は、「思い返してみればそうである」という肯定であり、そのうち一人はロッキード事件に対してこういう「発散」をしたくなることも当然あろうと付記してきた。もちろん「発散」は個人的には自由だが、私自身、たとえ自己の「発散」でも、これを活字にして読者に売る気はない。

私の出版の師、故長崎次郎氏は、「絶対に本にしてはならないものは、悪口と自慢ばなし」だと言い、「悪口や自慢をカネを出して買うバカはいないからね」と笑った。「発散」もこれに入るであろう。これらは元来定価をつけるべき対象ではないはず、しかしこれも投書の問題でなく編集者の問題である。

映像的伝達と活字的伝達

だがもう一人の返書は、さらに興味深かった。それは、自分がなんとなく新聞に抱いていた不信感が、何に起因するかが、自分の投書が批判されることによって、逆にわかったという意味だったからである。編集者自らがその内容を信じていない原稿を記事にしているから、なんとなく信頼できなくなったのだ、と。

思い出してみれば「中国報道」や「角栄ブーム報道」においても、その書かれた記事を、書いた本人と編集者がともに自ら百パーセント信じていたとは思えない。そして「思えない」ことは、その新聞の他の部分を読んでも、またある問題を継続的に読んでもなんとなく感ずるという点に、人は不信感を持つ。

確かにこれは、「過ちをおかす」とは別の問題である。またこのことは「一新聞内に多様化された意見が併存している」こととも別の問題である。もちろん昔なら、たとえ不信感を持っても伝達は「新聞のみ」であって、これ以外になかった。そしてそれ以外にない場合、人はその不信感を逆に自らの内に打ち消そうとするから、それへの批判に怒りを感じて当然である。

この点、当時ある親しい広告屋氏が私に言った言葉は印象的であった。「山本さんがなんと批判しても私は新聞を信じる。それ以外に信じるものはないんですから……」。まことにいずれの時代でも対象が唯一で絶対ならば「不条理なるがゆえに我信ず」となって不思議ではない。

しかし、他にテレビという映像的伝達があり、人が「かく見えたことは、かくあったことだ」という錯覚を持ち得れば、不信感を持つ文章よりこちらを信用して当然であり、そうなれば新聞が「すぐたまって困る」存在に見えて、また当然である。テレビなら何時間つけっぱなしにしようと、始末しなければならぬものは何一つたまらないからである。

そこで、映像的伝達（音声も含めて）と活字的伝達とはどのような関係にあるのか、映像的伝達が否応《いやおう》なく大量伝達の主力となった現代において、活字的伝達はいかなる状態にあれば社会がその存在理由を認めてくれるのか、といった問題を歴史的過程の中で、少し大きな視野でもう一度検討し、新聞・出版の将来を探ってみたいと思う。というのは読者年齢が否応なく高齢化していることは、出版の側から見ればはっきりと見えるからである。

また印刷の映像的伝達化、一言にしていえば劇画の大量生産という、少し前には考えられなかった傾向も定着した。また言葉をおぼえる前に映像的伝達に接し、これに反応するという形で育った世代も出てきた。

堺屋太一《さかいやたいち》氏（注：元通産官僚の作家で経済評論家）のいわれる「感性的判断」しかできず「論理的判断」ができない世代は、すでに青年期を迎えているといわねばならない。と同時に活字的伝達が本来の任務を忘れて、これに迎合する傾向も出てきた。いわば「活字による映像的伝達」――簡単にいえばもっぱら読者の感性に訴え、印象描写の累積で「こう見えるからこうなのだ」とは断定しても、何一つ論証はしていない伝達がそのまま通る時代も来た。

そのことは第4章「新しい伝達方式」に記したので詳説しないが、「活字的伝達のみ」

――いわゆる広い意味の「ソラ・スクリプテュラ」の時代は、人類史においてはきわめて短期間である。

印刷が特定集団内とはいえ、社会的に大きな役割を演じはじめたのは宗教改革時で、当時の記録を見ると新旧両教徒の争いの一面は双方の「翻訳出版合戦」の観もあり、この時代から現代までは最も長く見ても四百五十年である。

それ以前の大量伝達は祭儀・祭儀劇・聖劇・宗教画・説教等々であり、全西欧のキリスト教の「大量伝達」もいわば直接的映像的伝達であり、そして十字軍はこういう形の伝達によって全西欧的な運動になり得たわけである。そしてこれは印刷術が大量伝達の手段となるまで、いずれの国においても同じであり、その時代の人間の判断の仕方も行動様式も明らかに今と違う。

中世とは、「そう見えるものは、そうである」時代であった。王の服装をしていれば王であり、商人の服装をしていれば商人であった。全員が背広だが、しかしその中の彼は王である。「その証拠に」といって文書だけ呈示して大衆に読ませて立証することが不可能だった時代である。

その時代の「字が読める者」は、今のコンピューター技士のように、「何かを読みとれる」特殊技術者で、民衆はその成果を、一種の「映像的説教的解説」によって知らされていたわけである。

写本の流布《るふ》範囲はきわめて狭く、これが「現代の本」のごとく読まれたと考えるべきでないことは、言うまでもない。

「言葉による論証」とは

印刷文化の始まりと聖書は西欧では固く結びついているから「ソラ・スクリプテュラ」が同時に「聖書のみ」の意味であって不思議でない。そしてこの行き方の一面は、「書かれたもの」だけを典拠として、映像的伝達とその成果を否定するという形をとった。

妙な言い方だが、テレビ局から原稿を持ちだして印刷して配布し、「書かれたとおり伝達していないではないか」と抗議したような形である。そしてそのような形で、「教皇はそう言う、しかし聖書はかく記す」と主張するなら、「かく記された」証拠を大量伝達しなければならない。と同時に、自分の主張はすべて、それを論拠として、かくのごとく正しいと論証しなければならない。そしてこの論証もまた「言葉のみ」であって、その「言葉による論証」を印刷によって広く大量に伝達しなければならない。

以後約四百五十年、活字的伝達は伝達を半ば独占し、ついで義務教育が普及した最近の約百年間に大量伝達を独占するに至り、その独占が人びとの意識を変え、教育方法を変え、考え方を変え、判断の基準を変えてきた。現在の諸制度は――それが民主主義であれ共産主義であれ、――すべてこの前提に立っていることは否定できない。

だがこの前提すなわち活字伝達が大量伝達を独占し、それによって人びとの意識を決定し、判断の基準を与え、人びとを行動させ得た時代は、わずか一世紀足らずで、確実に終わり、映像的伝達が大量伝達の主力を占める時代が、また来たわけである。

われわれ活字人は心理的になんとなくテレビを無視し、軽視したがる。私自身もその例外とはいえない。しかし、活字的大量伝達の時代は、人類の歴史で必ずしも長期間とはいえなかったという点を考え、ここでもう一度、両伝達方式のそれぞれの特色を考えてみるべきではないかと思う。

一体「映像的伝達」とはいかなる伝達であろうか。人は「かく映った以上、これは疑う余地なき具体的事実だ」と無条件に信ずる（もちろん「つくり」といわれるトリックが可能なことはよく話題になるが、これは詐術だから問題外にしよう。活字伝達にもスリカエという詐術はあり得るからである）。

しかし、はたしてそうであろうか。人の映像への反応の仕方がまず印象すなわち「好悪《こうお》＝好き嫌い」と、類型化された過去の映像に基づく「らしい、らしくない」という感性的面から始まることは否定できない。だがこの感性的判断は実は、何の具体性も持たないのである。

活字はその逆であって、俗にいう「字づら」は感性的判断の対象にはなり得ない（もっとも好きな字型、嫌いな字型もあり得るが）。これが感性的判断を消去して、直接にその具体的内容を論理的に把握できるという点で、きわめて強い具体性を持ち得る理由であり、法廷の「義の女神像」（注：欧米の法廷や役所によくあるユスティティア――ローマ神話の正義の女神――の像。片手に剣か法典、他方の手に秤《はかり》を持っている）が目隠しをしている理由であろう。

この具体性を持ち得るのは言葉だけであり、その言葉を反復検討できるのは「書かれた言葉」だけであり、それを大量に伝達し得るという機能は印刷だけである。

印刷と電波は競争にならない

以下の一例は第4章にも記したが、感性的判断による誤りは新聞の「犯人護送」写真でも起こる。私は前に犯人と刑事を取りちがえたことがあった。この犯人は後に新聞が「一見宮様ふう」と記していたように、まことに上品でとうてい凶悪犯人とは思えない。

一方傍《かたわ》らの刑事は、鋭い目つきとこわい顔で（たいへんに失礼な言い方だが）一見「犯人ふう」であった。この写真すなわち映像的伝達への私の誤解を解消し得るものは、実は、その下の「右が犯人」という活字だけなのである。

この四文字は何ら感性的な具体性を持たないが、最も正確な抽象的な具体性を持ち、それを持つがゆえに、事実を伝達できるわけである。そして活字的伝達とは元来、この抽象的な具体性から成り立ち、それによって人びとの感性的判断に左右されない具体的事実を伝達できる点にあった。そしてそれが確かに社会を変え得た。

しかし、世の中の現象の論証は「右が犯人」ほど簡単ではないし、後述するように新聞が感性的判断に左右されない具体的事実を報道してきたわけではない。「できる」ということは「してきた」証拠にはならないからである。

もっとも以上のことは、もう一度言うが双方ともに詐術がないということではない。だがその問題を除いた詐術なき状態でも、それぞれ伝達する内容がもしそれぞれが本当にその機能を発揮するなら本質的に違うのだという問題であり、そしてこの違いが、中世と現代との大きな違いの一つであり、その中において現在、活字的伝達はどうあるべきかという問題なのである。

ここでまず、この活字的伝達独占時代の終わりは、新聞・出版および一般社会にどういう影響を与えるかを検討してみよう。まずまったく無影響と思われるのが、われわれすなわち学術書・専門書の出版社である。これらは「写本の活字化」とでも言いたい部門で、購読範囲がきわめて狭い専門の各分野だから、大量伝達が映像的伝達だけであって中世に等しい状態に戻っても、なんの影響も受けないであろうし、現に受けていない。

もう一つは好影響を受けるか、その刺激で発生した新分野、たとえば劇画やムックのような印刷による映像的伝達部門、またはテレビに寄生していると思われる部門である。寄生という言葉は難点があろうが、映画が存在しない以上、映画雑誌が存在し得ないといった形で、テレビが存在しているがゆえに、その直接的影響か派生的影響に寄生している出版分野がある。

これらは広く、映像的伝達に入ると思われ、今後は全体的に見れば成長部門であろう。そしてこの両者は、両極端に分かれているように見えて、実は、映像的伝達と競合しないという共通点があるわけである。

競合という点で、いちばん大きな問題をはらむのが新聞であろう。まず速報という点で、印刷と電波は競争にならない。またすばやい解説という点では、人間にとってはるかに受容しやすい「映像化された人が語りかける」という映像的・言語的伝達に、「社説」も「解説」も競争にならない。

全新聞の「論説」「解説」記事を積みあげても、その影響力はＮＨＫの一ニュースキャスターに及ぶまい。さらに、われわれの世代は活字的伝達の時代の申し子だから、映像的伝達を活字で確認しないと安心できないという「活字的伝達のみ」〝後遺症〟は持っており、テレビの画面を新聞記事でなぞらないと安心できないという状態にあるが、感性的判断のみの世代は、もうこういう「読み方」さえしない者もいる。そしてこの傾向は、これからもますます進むと思う。

活字の世界に引き戻す力

この時代において、新聞・出版を含めた活字的伝達のすべての中で、新聞はどのような社会的任務を負うことになって、その存在理由が認められるのであろうか。私の言うのはもちろん営業的な意味ではない。

内藤国夫《ないとうくにお》氏（注：ジャーナリスト）が「文藝春秋」で記者の努力はすぐ営業に反映しないという意味のことを言っておられるが、これは各出版社の編集員の嘆きと同じで、確かにそれはすぐには営業に反映しない。

しかし少し長い目で見れば、激烈な競争と苛酷な淘汰《とうた》の中で存続し得、かつ一定の社会的・文化的任務を果たしている出版社には、元来、営業活動も販売費も存在せず、それが存在しないがゆえ存続し得たこともまた事実なのである。

したがって新聞社が宅配も拡材も販売費もなしに存続し得るとき、それがはじめて、社会的に存在理由があるがゆえに存在しかつ存続していると言えるのであり、この状態を現出し得るものは、実は、その「編集」にしかないはずである。

新聞社であれ出版社であれ、「編集」があればそれで充分であり、他は何もなくてもよい。出版社はほぼその形態だが、新聞だとて、記事は自由契約の記者の記事を原稿料を払って買い、一部は通信社から買い、妥協なく編集権を行使する真の編集者がそれを編集して新聞印刷専門会社に外注し、できた新聞を別会社の新聞販売会社に卸《おろ》したとて、出来たものが、すべての人がすみからすみまで読みたくなるほどの立派な新聞なら、新聞社とはそれだけで充分な存在であり、それ以外に何も「余計なもの」はいらないはずである。

そこにただ一つ存在しなければならないものは「真の編集者」であり、それだけが新聞社の「生命」のはずで、その生命は編集の基本の置き方にあるはずである。

では一体、今の新聞は、その編集の基本をどこに置いているのであろうか。端的にいえば、映像的伝達の時代においては、その方向は二つしかなく、そのどちらかを選ぶ以外にないと思う。

一つは、（一）「映像的伝達」の侍女となり、「かく見えるから、こうだ」を基本として、すべてを大衆の感性的判断に適合するように編集していく方法、約言すれば「活字の映像化」という方針である。

もう一つは（二）活字的伝達の本領に戻り、資料に基づく論証のみによって事実を明らかにし、その「論証の過程」を一般読者も興味を持って読み得るよう編集するという行き方である。

それぞれの例をあげれば（一）が前（注：44ページ以下）に記した「角栄ブーム記事」だが、さらに典型的なものをあげれば、朝日の本多勝一記者の「成田空港」のルポである。

これは「活字の映像化」という点でたいへんに興味深い記述である。

成田にヘリコプターで下りて行く、それはまるでベトナムのように見える。確かにそう見えるのであろう。だが、そう見えるということの伝達は、映像的伝達に基づく感性的受容のほうがはるかに決定的であって、活字は即物的証拠を提供し得ない。そして「ベトナムのように見えるからベトナム」なら「犯人のように見えるから犯人」であり、これは映像的伝達の手法がそのまま活字化されたといってよい。

これは、テレビ時代への過渡期にほぼ全新聞がとった行き方だが、皮肉な見方をすれば、活字的伝達から映像的伝達へ読者を橋渡しした結果になっている。だがこの際、映像的伝達では不可能で、活字にだけできることがあるとすれば、それは「そう見えるが、そうでない」という論証だけなのである。

人びとのすべてが感性的判断に走りやすい映像的伝達の中における活字的伝達の任務は、むしろこの面にあり、映像的伝達を活字でなぞってそれを固定化してしまうことではない、と私は考えている。

(二)が立花隆氏の「田中角栄研究」であろう。これはまず完全な資料を論理的につめただけで、田中角栄氏を醜《みにく》く見せようといった感情的描写が皆無《かいむ》に等しい論証であり、これが読まれかつ一つの力を発揮し得たということは、この方法の活字的大量伝達が、映像的伝達が主流となった世界において決して不可能ではなく、人びとはむしろ映像的伝達と活字の映像化になんらかの「非具体性」を意識しはじめ、活字による論証を求めだした証拠だと私は思う。

そしてこの場合、筆者と編集者に求められる能力は、映像的伝達の手法を模倣した活字の映像化能力ではなく、資料の構成能力とそれに基づく論証能力である。

これだけが逆に、映像的伝達の世界から読者を活字の世界に引き戻す力があり、これは世界の多くの出版傾向にもあらわれている。そして論証能力とは実は論争能力なのである。

論争はもちろん、「相手をやっつける」ことでなく、自分の主張をどれだけ論証し得るかという「論証能力」を互いに争って読者の判定を待つことであり、これは映像的伝達の世界にない。もしここで「映争」をやれば、互いに自己に有利な印象を与えようとする「映像誇《こ》示《じ》合戦」になり、それは被伝達者の判断を混乱させるだけで、なんの結論も生じないからである。

新聞にしかできないこと

この点、現在の新聞はまことに論争能力がない。というより「論争とは何か」さえ理解していないように思われる。いわば自己の主張を徹底的に「論証する」という行き方ができず、活字の映像的駆使で、ある種の印象を振りまこうと、それのみに専念している。そして論証抜きの「印象誇示」的手法は、実は、同一新聞内ですら、ぶつかりあい、そのため同一新聞の記事がしばしば同じような混乱を読者に与えている。

たとえば「江青夫人《こうせい》」（注：毛沢東夫人、文化大革命を主導）という一人間の像を取りあげても、同じ新聞が、一ヵ月前の記事と現在の記事とで同じ紙面で「映像誇示合戦」をやり、そのため新聞自体が創《つく》っている感がある。

これでは読者の新聞離れがますますひどくなって不思議でない。というのは、人は論争には耐え得るが、活字による映像誇示合戦には耐え得ないからである。それでいて人は本ものの映像的伝達においてこの混乱が起こることを、少しも不思議としない。

これが感性的伝達と言語的伝達の違いである。人は〝ある瞬間のある映像は消え、順次にあらわれては消えつつ互いに矛盾《むじゅん》する〟連続的映像の中に、一つ抽象性を持った対象を「知る」のであり、その抽象性を持った対象を記すものは言葉だけだと信じ、言葉の江青夫人像にはそれを求めているからである。

これが前述のように、言葉の抽象性が映像的具体性を捨象することによって一つの具体性を持ち得るという状態だが、活字が映像的伝達に奉仕すると、この能力が失われる。そしてその能力を失うと悪循環を起こし、紙面そのものがくるくる変わるテレビの画面のようになり、それによって読者の感性的判定にのみ訴え、訴えることによって前の紙面の印象を消すという構成になるが、活字は画面ではない。

そのことを忘れ、論証するよりある印象を与えようとする悪循環は、特大の大活字や、呼び捨て的表現の連発や嘲罵的《ちょうばてき》表現の乱用となり、しまいには読者がうんざりするのである。というのはその本質が「活字による映像誇示合戦」の自家中毒のようになってくるからである。

だが新聞がいかにこの方向へ努力しても、感性的判断に訴える点では、映像的伝達に新聞は及ばない。

新聞の将来はその方向になく、活字的伝達の正統性の中に、言いかえれば、いままで述べてきたような、活字のみに可能な分野でその力を充分に発揮することにあると思う。

簡単な例をあげれば、「北京の空が青かった」か青くなかったかは、テレビを見れば充分なのである。だが、そこでおこなわれた交渉の経過を記し、それを資料にしてその時点の日中関係を正確に論述し、その論述が正しいことを論証しつくして将来を予見することは、映像的伝達では不可能で、これこそ新聞にしかできないことだということである。

そして新聞にそれができるかできないかは、一《いっ》に編集者の問題である。

●初出一覧

序章　沈黙が許されない新聞――『新聞記事で綴る明治史 上巻』荒木昌保《まさやす》編（一九七五年刊）の序文　亜土刊

第1章　正義の体質

社説を読む苦痛――「文藝春秋――最近新聞紙学」一九七六年九月号に所収

新聞の「角栄的体質」――「文藝春秋――最近新聞紙学」一九七六年一〇月号に所収

単純な正義感と「安物の論理」はもうたくさん――「文藝春秋――最近新聞紙学」一九七六年一一月号に所収

第2章　透けて見える問題な日本的発想

「風派」新聞ととられても――「文藝春秋――新聞の研究」一九七八年六月号に所収

三ズ主義的報道――「文藝春秋――最近新聞紙学」一九七六年二月号に所収

報道史的視点の欠如――「文藝春秋――新聞の研究」一九七八年八月号に所収

第3章　オモテとウラ

言葉で殺された人――「文藝春秋――最近新聞紙学」一九七六年四月号に所収

新聞の限界――「速報先見経済」一九七八年九月第四月曜号に所収　清話会刊

宣伝戦を見抜く目――「月刊自由民主――論点」一九七九年三月号に所収　自由民主党刊

全国紙と地方紙――『無所属の時間』（一九七五年刊）に所収　旺史社刊（後にＰＨＰ文庫）

第4章　テレビ化の波

「実情」ではなく「事実」の報道を――「放送文化」一九八〇年一月号に所収　日本放送出版協会刊

新しい伝達方式――「放送文化」一九七六年二月号に所収　日本放送出版協会刊

新聞はもう「情報」たり得ない――「30億」一九八〇年八月号に所収　日本青年会議所刊

終章　活字文化の生き残り策――「文藝春秋――最近新聞紙学」一九七六年一二月号に所収

本書は前頁の初出一覧を再構成し、句読点を加える、注（注：＊＊）をつける等の新編集をしています。また本書には、今日の人権擁護の見地に照らして、不当、不適切と思われる表現がありますが、本書の性質や作品発表時の時代背景に鑑み一部を改めるにとどめました。（編集部）

著者略歴

一九二一年、東京都に生まれる。一九四二年、青山学院高等商業学部を卒業。野砲少尉としてマニラで戦い、捕虜となる。戦後、山本書店を創設し、聖書学関係の出版に携わる。一九七〇年、イザヤ・ベンダサン名で出版した『日本人とユダヤ人』が三〇〇万部のベストセラーに。以後、「日本人論」で社会に大きな影響を与えてきた。その日本文化と社会を分析する独自の論考は「山本学」と称される。評論家。山本書店店主。一九九一年、逝去。

著書には『「空気」の研究』『私の中の日本軍』(以上、文藝春秋)、『日本はなぜ敗れるのか』(角川書店)、『帝王学』(日本経済新聞社)、『論語の読み方』(祥伝社)、『なぜ日本は変われないのか』『日本人には何が欠けているのか』『日本はなぜ外交で負けるのか』『戦争責任と靖国問題』『精神と世間と虚偽』『戦争責任は何処《どこ》に誰にあるか』『池田大作と日本人の宗教心』『渋沢栄一 日本の経営哲学を確立した男』(以上、さくら舎)などがある。

新聞《しんぶん》の運命《うんめい》
――事実《じじつ》と実情《じつじょう》の記事《きじ》

二〇一九年五月一二日 第一刷発行

著者 山本七平《やまもとしちへい》

発行者 古屋信吾
発行所 株式会社さくら舎 http://www.sakurasha.com
東京都千代田区富士見一-二-一一 〒一〇二-〇〇七一
電話 営業 〇三-五二一一-六五三三 FAX 〇三-五二一一-六四八一
編集 〇三-五二一一-六四八〇
振替 〇〇一九〇-八-四〇二〇六〇

装丁 石間 淳
編集協力 山田尚道・渡部陽司・柴田瞭(以上「山本七平先生を囲む会」)
印刷・製本 中央精版印刷株式会社

ISBN978-4-86581-198-8

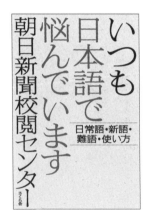

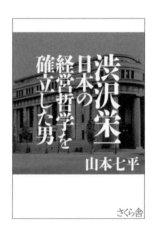